前 言
Preface

　　《物流单证实务》的编写突破了传统教材的编写模式，以学生为主体，以技能大赛参赛项目为借鉴，以单证业务与物流各环节的实际业务为背景，以岗位技能基本要求为指导，采用岗位任务与基于工作任务的操作流程相结合的方式，重新构建新的课程框架，并增加了可操作性的制单训练。

　　通过学习本教材，学生可掌握物流相关单证缮制的技巧，提升实际操作能力。本教材由隋珅瑞、孙婷老师任主编，杨松梓、陈曦等老师参与了编写，具体编写分工如下：第一部分仓储业务由孙婷老师编写；第二部分运输业务、第四部分综合训练和附录由隋珅瑞老师编写；第三部分国际物流业务的项目十一和项目十二由杨松梓老师编写，项目十三和项目十四由陈曦老师编写。统稿工作由隋珅瑞老师完成。

　　本教材既可以作为职业院校物流专业及相关专业教学实训用书，也可以作为物流单证岗位人士的参考用书。由于编者水平有限，教材中难免存在不足之处，在此恳请各位专家和同行批评指正。

编　者

2019 年 5 月

目 录
Contents

第四部分 综合训练 》》〉

教育部中等职业教育专业技能课立项教材

物流服务与管理

物流单证实务

WULIU DANZHENG SHIWU

主编／隋珅瑞 孙 婷

中国人民大学出版社
·北京·

第一部分

仓储业务

【适用的岗位群】物流专业主要面向的仓储岗位有：大中型外贸企业、第三方物流企业、生产物流企业及其他工商企业仓储部门的订单员、仓管员、采购员、质检员、仓储经理、物料经理、供应链协调员、物流营销员等。

项目一 仓储作业基础知识

项目描述

仓储作业操作要点。

学习目标

通过本项目的学习，掌握仓储作业的含义、功能及种类，理解仓储管理的原则。

学习任务

掌握仓储作业中的入库、拣选、盘点、出库等作业流程。

任务一 基础知识

创设情境

仓储作业是所有物流活动中最基础也是最重要的活动之一，仓储作业效率与效益的好坏直接影响着物流其他环节能否正常运行。通过本任务的学习，理解并掌握仓储的含义、功能、种类及仓储管理的原则。

知识准备

一、仓储的含义

自人类社会产生剩余产品以来就有了储存活动，它是人类活动中非常重要的内容。"仓"指仓库，"储"指储存，"仓储"是指通过仓库对物资进行储存、保管等活动的总称。

仓储是商品流通的重要环节，也是物流活动的重要支柱。

二、仓储的主要功能

仓储的主要功能有：储存和保管、调节供需、配送和流通加工、提供信息、调节运输能力、降低物流成本等。

（一）储存和保管

这是仓储作业中最重要也是最基本的功能。它主要是对仓库中的物品进行保管，避免丢失、损坏，并对具体的操作如搬运、存放等进行合理有效的规划和管理。

（二）调节供需

物品在生产和销售等流通环节中，由于许多原因（如季节、生产节奏、市场需求等），可能造成或多或少的质量偏差，这时就需要通过仓储来进行调节，即仓储是通过改变"物"的时间状态来发挥作用的。

（三）配送和流通加工

现代仓储已逐渐演化为集配送和流通加工于一体的多功能的物流配送中心。

（四）提供信息

仓储为所有相关的体系提供信息，这也是现代仓储的重要标志。

（五）调节运输能力

各种运输工具的运能不尽相同，而且运输成本和存货成本呈反比。运输越快，其产生的成本就越高，但运能低则会造成较高的仓储量，仓储成本也就相对较高。

（六）降低物流成本

科学合理的仓储决策和仓储管理，可以有效降低整体仓储成本和物流成本。不同的生产类型、销售模式需要不同的策略和规划以及管理模式。

三、我国仓储业的发展现状

仓库是经济不断发展的产物，是社会生产力发展的结果，具有鲜明的时代特征和社会背景。随着我国经济的不断发展，物流业也持续发展。2014 年我国物流总费用达到了 10.6 万亿元，同比增长 7%。从物流费用的构成来看，2014 年尽管交通运输费用的比例占到物流总费用的 50% 以上，但是与仓储行业相关的保管费用和管理费用的比例也占到了物流总费用的 47%，将近一半；从固定资产的投资来看，物流业在仓储行业上的固定资产投资额逐年增加，2014 年达到 5 159 亿元，虽然 2014 年投资增长率有所下降，但是也达到了 22.8%，处于较高水平。尽管如此，我国仓储业的发展与世界发达国家相比还存在一定差距。2014 年在世界银行对世界各国和地区物流发展的排名中，中国仅排在第 28 名。

我国人均仓储面积不高，2014 年只有美国 1/10 的水平。但是从物流成本来看，我国物流总成本占到 GDP 总额的 16.6%，是美国的 2 倍；其中，仓储保管成本占到 GDP 总额的 5.8%，高出美国 3%。由此看出我国物流设施与发达国家相比还有一定的差距，其原因是：（1）传统大型仓储企业盈利差；（2）高标准物流设施稀缺；（3）仓储工业用地的资源减少、成本增加。所以我国传统仓储企业面临着转型危机。

四、我国仓储业未来发展趋势

（一）人工智能的发展方向

近年来以互联网为核心的新一轮科技和产业革命蓄势待发，人工智能、虚拟现实等新技术日新月异，虚拟经济与实体经济的结合，将给人们的生产方式和生活方式带来革命性变化，我国物流业也随之进入智慧化物流的新阶段。2017 年 10 月，京东宣布，已建成全球首个全流程无人仓，在货物入库、打包等环节，京东无人仓配备了 3 种不同型号的六轴机械臂，应用在入库装箱、拣货、混合码垛、分拣机器人供包 4 个场景下。在分拣场内，京东分别使用了 2D 视觉识别、3D 视觉识别以及由视觉技术与红外测距技术组成的 2.5D 视觉技术，为智能机器人安装了"眼睛"，实现了机器与环境的主动交互。

（二）环保的发展方向

随着我国经济社会发展不断深入，生态文明建设的地位和作用日益凸显。建设生态文明是关系人民福祉、关乎民族未来的大计，走向生态文明新时代，建设美丽中国是实现中华民族伟大复兴的中国梦的重要内容。越来越多的中国物流企业在提高仓储业务效率效益的同时也在不断追求节能环保和绿色友好，如包装箱的反复回收利用，打包带的一再精简，采用环保节能的设施设备，都充分体现了我国仓储业对于生态文明的明确态度——"绿水青山就是金山银山"。

五、仓储的类型

仓储的本质是储藏与保管，随着社会经济的发展，由于经营主体、仓储对象和仓储功能的不同而使得不同的仓储活动也具有了不同的特征，因此现代仓储按照不同标准可划分为如下类别。

（一）按照仓储的功能划分

1. 储存仓储
储存仓储是指物资需要较长时间存放的仓储，需要注重对物资的质量保管和维护。服务对象主要是货主等。

2. 物流中心仓储
物流中心仓储是以物流管理为目的的仓储活动，是为了实现有效的物流管理，对物流的流程、数量、方向进行控制从而实现物流的时间价值。服务对象主要是社会，物流功能健全，辐射范围较广。

3. 配送中心仓储

配送中心仓储是商品在配送交付消费者之前所进行的短期仓储，是商品在销售或者供生产使用前的储存。服务对象主要是特定用户，配送功能健全，辐射范围较小。

4. 运输中转仓储

运输中转仓储是衔接不同运输方式的仓储活动，是在不同的运输方式的衔接处，如港口、车站、机场等场所进行的仓储，注重货物的周转率。服务对象主要是运输公司和特定客户。

5. 保税仓储

保税仓储是指经海关批准在保税仓库存放保税货物及其他未办理海关手续货物的仓储活动。保税仓库由直属海关审批。保税仓库与一般仓库最大的不同在于保税仓库及所有货物受海关监督管理，未经海关批准，货物不得入库和出库。保税仓库的经营者既要向货主负责，又要向海关负责。

（二）按照仓储的自动化程度划分

1. 普通仓储

普通仓储是指在仓储作业中没有采用人工智能设备而是采用叉车、货架等较普遍的设备进行仓储活动。

2. 自动化立体仓储

自动化立体仓储是指采用自动化立体货架，一般是指采用几层、十几层乃至几十层高的货架储存单元货物，并用相应的物料搬运设备进行货物入库和出库作业。由于这类仓库能充分利用空间储存货物，故常形象地将其称为"立体仓库"。自动化立体仓库的主体由货架、巷道式堆垛起重机、入（出）库工作台和自动运进（出）及操作控制系统组成。货架是钢结构或钢筋混凝土结构的建筑物或结构体，货架内是标准尺寸的货位空间，巷道堆垛起重机穿行于货架之间的巷道中，完成存、取货的工作。在作业管理上采用计算机、信息系统及条形码技术。

3. 无人仓储

在仓储操作中，能够实现从入库、存储、包装到分拣的全流程、全系统的智能化和无人化，就叫作无人仓储。无人仓储在从货到人，到码垛、供包、分拣，再到集包转运中，利用多种不同功能和特性的机器人，而这些机器人不仅能够依据系统指令处理订单，还可以完成自动避让、路径优化等工作，代表了我国目前最先进的仓储物流技术。

（三）按仓储对象划分

1. 普通物品仓储

普通物品仓储是指不需要特殊保管条件的物品的仓储。

2. 特殊物品仓储

特殊物品仓储是指在保管中有特殊要求和需要满足特殊条件的物品的仓储。

六、仓储管理的含义

仓储管理是现代物流管理的重要环节，是对仓库及仓库内的物资进行的管理，是仓储企业为了充分利用自己所具有的仓储资源，提供高效的仓储服务所进行的计划、组织、控制和协调的过程。

七、仓储管理的原则

（一）经济效益原则

厂商生产经营的目的是追求利润最大化，这是经济学的基本假设条件，也是社会现实的反映。利润是经济效益的表现。其公式如下：

$$利润＝经营收入－经营成本－税金$$

实现利润最大化需要做到经营收入最大化和经营成本最小化。

为了追求利润最大化，作为参与市场经济活动主体之一的仓储企业，应围绕获得最大经济效益的目的进行组织和经营。同时也需要承担部分社会责任，履行保护环境、维护社会安定、满足社会不断增长的需要等社会义务，实现生产经营的社会效益。

（二）效率原则

仓储的效率表现在仓容利用率、货物周转率、进出库时间、装卸车时间等指标上，表现为"快进、快出、多存储、保管好"的高效率仓储。仓储生产管理的核心就是效率管理，即实现最少的劳动量投入，获得最大的产品产出。效率是仓储管理的基础，没有生产效率，就不会有经营的效益，就无法提供优质的服务。劳动量的投入包括生产工具、劳动力的数量以及其作业时间和使用时间。

（三）服务原则

仓储活动本身就是向社会提供服务产品。服务是贯穿在仓储中的一条主线，从仓储的定位、仓储的具体操作，到对储存货物的控制都围绕着服务进行。仓储管理需要围绕服务定位，为提供服务、改善服务、提高服务质量而开展管理，包括直接的服务。

➦ 任务实施

任务 1：比较各种类型的仓储。

仓储的类型	适用货物特点	主要功能	面向的主要客户
储存仓储			
物流中心仓储			
配送中心仓储			
运输中转仓储			
保税仓储			

任务2：请根据各企业经营状况及货物特点，选择合适的仓储类型并说明理由。

（1）某电商公司的总部仓库；

（2）某运输公司的内部仓库；

（3）某跨境电商公司的进口仓库；

（4）某工厂的生产车间。

类型	货物特点	仓储类型	理由
某电商公司的总部仓库			
某运输公司的内部仓库			
某跨境电商公司的进口仓库			
某工厂的生产车间			

⇄ 任务评价

评价内容		评价标准	权重	分项得分
任务完成情况	任务1	1. 能够独立完成任务书的填写； 2. 填写内容准确无误	20%	
	任务2	1. 能够独立完成任务书的填写； 2. 填写内容准确无误； 3. 填写理由表述清晰准确； 4. 积极参与课堂讨论活动	50%	
职业素养		1. 具有良好的语言表达能力； 2. 具有自主学习意识； 3. 具有竞争意识； 4. 具有团队合作意识	30%	
总分			评价者签名：	

任务二　仓储作业流程

⇄ 创设情境

陈明是一名刚毕业的物流专业的学生，今天是他第一天到物流公司实习，仓储部经理要求他先熟悉一下仓库的环境以及仓储作业的流程，为今后工作做准备。

⇄ 知识准备

仓储作业流程是指货物从入库、保管到出库的全过程的仓储活动。主要包括入库流程、在库管理和出库流程三部分内容。

一、入库流程

（一）订单处理作业

仓库的业务归根结底来源于客户的订单，它始于客户的询价、业务部门的报价，然后接收客户订单，业务部门应了解库存状况和装卸能力、流通加工能力、包装能力和配送能力等，以满足客户需求。对于具有销售功能的仓库，核对客户的信用状况和未付款信息也是重要的工作内容之一。对于服务于连锁企业的物流中心，其业务部门通常称作客户服务部，每日处理订单和与客户经常沟通是客户服务部的主要工作内容。

（二）采购作业

采购作业环节一是将仓库的存货控制在一个可接受的水平，二是寻求订货批量、时间和价格的合理关系。采购信息来源于客户订单、历史销售数据和仓库存货量，所以仓库的采购活动不是独立的商品买卖活动。采购作业包括统计商品需求数量、查询供货厂商交易条件，然后根据所需数量及供货商提供的经济订购批量提出采购单。服务于连锁企业的物流中心，此项工作由存货控制部来完成。

（三）入库作业

仓库发出采购订单后，库房管理员即可根据采购单上预定入库日期进行作业安排，在商品入库当日，进行入库商品资料查核、商品检验，当质量或数量与订单不符时，应进行准确记录，及时向采购部门反馈信息。库房管理员按库房规定的方式安排卸货、托盘码放和货品入位。对于同一张订单分次到货，或不能同时到达的商品要进行认真的记录，并将部分收货记录资料保存到规定的到货期限。

二、在库管理

在库管理的主要任务：根据商品性质和仓储条件，对储存的商品安排适宜的储存场所，合理堆码，做好物品保管工作。

（一）堆码上架作业

为了有效利用货位，便于清点货物，通常将物品合理堆码成货垛，或者利用货架存放货物。堆码上架作业可以对仓库中各种类型的货物进行整齐、有序的存放，方便查找和保管。

（二）保管作业

保管作业是对物品进行储存，并对其进行物理性管理的活动。库存物品或慢或快地发生着质量方面的变化，如挥发、溶化、熔化、氧化、老化、变质等。保管活动不能也不应改变商品本身的特性，能控制和改变的是储存条件，合理、正确地采用各种有效的防虫剂和防锈蚀、防霉变、防冻损、防爆燃、防挥发、防溶化、防污染等的商品养护方法，保障商品安全。

（三）盘点作业

盘点作业是仓库定期对仓库在库货品实际数量与账面数量进行核查。通过盘点，掌握仓库真实的货品数量，为财务核算、存货控制提供依据。盘点作业包括：查数量，即通过点数、计数查明物品在库的实际数量，核对库存账面资料与实际库存数量是否一致；填写盘点单，发现任何异常情况及时记录；查质量，即检查在库物品的质量有无变化，有无超过有效期和保质期，有无长期积压等现象，必要时还必须对物品进行质量检验；查保管条件，即检查保管条件是否与各种物品的保管要求相符合。

（四）拣货作业

拣货作业是依据顾客的订货要求或配送中心的送货计划，尽可能迅速、准确地将商品从其储位或其他区域拣取出来，并按一定的方式进行分类、集中，等待配装送货的作业流程。

拣货工作还包括拣取作业、补充作业的货品移动安排和人员调度。拣货完毕后要及时变动料卡余额数量，填写拣货单，记录实拣数量和日期。

三、出库流程

出库流程是仓库根据业务部门或存货单位开出的商品出库凭证（出库通知单、出库单、提货单、调拨单等），按其所列商品名称、规格、型号、数量等项目，组织商品出库等一系列工作的总称。商品出库是商品储存阶段的终止，也是仓储作业的最后一个环节，它使仓储工作直接与运输单位和商品使用单位发生联系。

📌 任务实施 ⋯⋯⋯⋯⋯⋯⋯⋯⋯⋯⋯⋯⋯⋯⋯⋯⋯⋯⋯ ▼

任务：请画出仓储作业各环节的流程图，并标注出相应的需填写的单证。

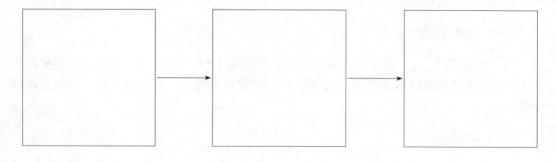

⇄ 任务评价

评价内容	评价标准	权重	分项得分
任务完成情况	1. 能够独立完成任务书的填写； 2. 填写内容准确无误； 3. 填写理由表述清晰准确； 4. 积极参与课堂讨论活动	70%	
职业素养	1. 具有良好的语言表达能力； 2. 具有自主学习意识； 3. 具有竞争意识； 4. 具有团队合作意识	30%	
总分		评价者签名：	

项目二 入库作业

✉ 项目描述

在入库作业中，缮制入库单、储位分配单、送货单、货物交接清单。

◎ 学习目标

通过本项目的学习，了解入库作业的实际操作流程，并掌握入库单、储位分配单、送货单及回执、货物交接清单的制作方法。

💬 学习任务

能够根据实际案例情况，完成入库作业全套单证的缮制。

任务一 入库单

⇄ 创设情境

2019年2月13日，北京市京东世纪商贸有限公司配送中心的订单处理中心收到供应商沈阳恒昌商贸有限公司发来的入库通知单。供应商沈阳恒昌商贸有限公司所有商品的出入库和库内保管由北京市京东世纪商贸有限公司配送中心仓储部的仓管员王大伟负责。

⇄ 知识准备

一、入库作业的主要内容

入库作业主要包含入库验收、办理入库手续两部分内容。

（1）入库验收。入库验收主要进行数量点收和质量检验两方面的工作。数量点收即根据货物入库通知单清点货物数量，检查货物包装是否完整，数量是否与入库通知单相符。点收和检验无误后，货物方可进入仓库，双方签字确认。对入库货物进行严格验收，既能防止劣质商品流入流通领域，划清仓库与生产部门、运输部门以及销售部门的责任界限，也可为货物在仓库中保管、保养提供一手资料。

（2）办理入库手续。入库手续主要是指交货单位与仓管员之间所办理的交接工作。其中包括：商品的检查核对，事故的分析、判定，双方认定后签字。仓库一方面给交货单位签发接收入库凭证（或入库单），并将凭证交给会计统计入账、登记；另一方面安排货位，填写储位分配单，记录货物存放位置。

二、入库单的含义

入库单是在入库作业时根据进货单（见图 2－1）和所入库物品填制的单证，是对采购实物入库数量和质量的确认，是企业内部管理和控制的重要凭证。入库单也是对采购人员和供应商的一种监控。

进　货　单　NO.20181208

发货单位：上海来伊瓶饮料厂

地　　址：上海市松江区加工区　　2018 年 12 月 8 日

货号	名称及规格	单位	数量	单价	金额	备注
01	牛奶 240mL×12	箱	250			
02	杏仁露 240mL×10	箱	250			
03	可可饮品 250mL×12	箱	125			
合计大写	拾　万　仟　佰　拾　元　角　分 ¥					

经手人（签章）：　　　　经手人（签章）：朱沁雯

图 2－1　进货单

三、入库单的填写说明

（1）入库单号：填写入库单的编号；

（2）仓库编号：填写货物进入的仓库的编号；

（3）供应商名称及编号：填写货主的名称及编号；

（4）制单时间：填写制作该入库单的时间；

（5）入库通知单号：填写入库通知单的编号；

（6）物料名称、物料编号、规格、单位、计划数量：填写入库货物的名称、编号、规格大小、单位以及在入库通知单中的计划数量；

（7）实际数量：填写实际进入仓库中的货物数量；

（8）批次、备注：填写实际进入仓库中的货物的生产批次及特殊备注；

（9）仓管员（签字）：填写负责该项入库作业的仓管员姓名（有时不需填写）；

（10）制单人：填写制作该入库单的工作人员姓名。

具体如图 2-2 所示。

图 2-2　入库单

📥 任务实施

2019 年 2 月 13 日，北京市京东世纪商贸有限公司配送中心的订单处理中心收到供应商沈阳恒昌商贸有限公司（供应商编号：S0000789）发来的入库通知单。入库通知单信息如表 2-1 所示。

表 2-1　入库通知单

<table>
<tr><td colspan="7" align="center">沈阳恒昌商贸有限公司
入库通知单</td></tr>
<tr><td colspan="4">入库通知单号：ASN201202130105
客户：北京市京东世纪商贸有限公司
收货地点：北京市昌平区兴寿镇 17 号
北京市京东世纪商贸有限公司配送中心</td><td colspan="3">电话：（010）52268866
计划到货日期：2019 年 2 月 18 日
收货人：王大伟
发货日期：2019 年 2 月 15 日</td></tr>
<tr><td>序号</td><td>物料编号</td><td>物料名称</td><td>规格</td><td>单位</td><td>计划数量</td><td>备注</td></tr>
<tr><td>1</td><td>1001765436</td><td>男士保暖内衣 NX118</td><td>30 套/箱</td><td>箱</td><td>100</td><td></td></tr>
<tr><td>2</td><td>1001157257</td><td>女士保暖内衣 NX117</td><td>30 套/箱</td><td>箱</td><td>120</td><td></td></tr>
<tr><td>3</td><td>1001157258</td><td>女士保暖内衣 NX116</td><td>30 套/箱</td><td>箱</td><td>80</td><td></td></tr>
<tr><td>4</td><td>1002103918</td><td>儿童保暖内衣 XL165</td><td>30 套/箱</td><td>箱</td><td>50</td><td></td></tr>
<tr><td></td><td></td><td></td><td></td><td>合计</td><td>350</td><td></td></tr>
<tr><td colspan="4">制单人：李小明　审核人：王勃</td><td colspan="3" align="right">第 1 页　共 1 页</td></tr>
</table>

供应商沈阳恒昌商贸有限公司所有商品的出入库和库内保管由北京市京东世纪商贸有限公司配送中心仓储部的仓管员王大伟负责。2019 年 2 月 18 日 9 时，仓管员王大伟根据入库通知单编制了入库单号为 ZYJHDH546 的入库单。

任务：请根据以上案例，以北京市京东世纪商贸有限公司配送中心仓管员王大伟的身份为入库任务编制入库单，如表 2－2 所示。

表 2－2　入库单

入库单号：

仓库编号			制单时间			入库通知单号		
供应商名称			供应商编号					
物料名称	物料编号	规格	单位	计划数量	实际数量	批次	备注	
仓管员（签字）					制单人			

📨 任务评价

评价内容	评价标准	权重	分项得分
任务完成情况	1. 能够独立完成入库单的填写； 2. 填写内容准确无误； 3. 填写理由表述清晰准确； 4. 积极参与课堂讨论活动	70%	
职业素养	1. 具有良好的语言表达能力； 2. 具有自主学习意识； 3. 具有竞争意识； 4. 具有团队合作意识	30%	
总分		评价者签名：	

任务二　储位分配单

📨 创设情境

2019 年 2 月 13 日，北京市京东世纪商贸有限公司配送中心的订单处理中心收到供应商沈阳恒昌商贸有限公司发来的入库通知单。

对于验收合格的商品，根据商品储存原则和仓库可用货位的情况，仓管员王大伟将男士和女士保暖内衣统一入库到仓库编号为 KF001 的商品 1 号库；儿童保暖内衣属于热销商品，入库验收后，不入储位直接配送到各门店。仓管员王大伟于 2019 年 2 月 18 日依据此信息制作了储位分配单，并交操作组作业人员进行商品的入储位作业。

📑 知识准备

一、储位分配单的含义

储位分配单就是在货物入库后，将货物安排在相应货位进行存放时记录货物相关信息的单证，如商品入储位时的数量、位置等。

二、储位管理的意义

储位：储存货物的位置名称。

储位管理：在仓库中，货物的存放如果杂乱无章就会增加找货的难度，利用"储位"可使商品处于"被保管状态"，并且能够显示所储存的位置，同时当商品位置发生变化时能够准确记录，使管理者能够随时掌握商品的数量、位置以及去向。

三、储位分配单的填写说明

（1）作业单号：填写该储位分配单的编号；

（2）入库单号：填写货物入库时填写的入库单的编号；

（3）仓库编号：填写货物存放在仓库的编号；

（4）仓管员：填写负责货物入库作业的仓管员姓名；

（5）日期：填写货物入库分配储位的日期；

（6）库区、储位：填写货物被分配的储位和该储位所在的库区；

（7）物料名称：填写存放到每个储位的货物名称；

（8）物料编号：填写存放到每个储位的货物编号；

（9）规格、单位：填写存放到每个储位的货物规格、单位；

（10）应放数量：填写应存放到每个储位的货物数量；

（11）实放数量：填写实际存放到每个储位的货物数量；

（12）备注：填写特殊情况，一般无须填写；

（13）制单人：填写制作该储位分配单的人员姓名；

（14）作业人（签字）：填写完成该入库作业的工作人员姓名（有时不需填写）。

具体如图 2-3 所示。

储位分配单

作业单号：IB0000120070

入库单号	ZYJHDH435				仓库编号	KF004	
仓管员	韩雪				日期	2019-01-12	

作 业 明 细

序号	库区	储位	物料名称	物料编号	规格	单位	应放数量	实放数量	备注
1	电脑组件1区	C00011	440V/220V笔记本电脑电源变压	7200015-10	GV-N52128TE	套	30		
2	电脑组件1区	C00011	380V/220V笔记本电脑电源变压	7200015-09	GV-R587SO-1GD	套	60		
3	电脑组件1区	C00011	380V/220V移动硬盘电源变压器	7200019-02	GA-Z68XP-UD3P	套	47		
制单人	韩雪			作业人(签字)					

图 2-3 储位分配单

➦ 任务实施

2019 年 2 月 13 日，北京市京东世纪商贸有限公司配送中心的订单处理中心收到供应商沈阳恒昌商贸有限公司（供应商编号：S0000789）发来的入库通知单。入库通知单信息如表 2-3 所示。

表 2-3 入库通知单

沈阳恒昌商贸有限公司
入库通知单

入库通知单号：ASN201202130105　　　　　电话：(010) 52268866
客户：北京市京东世纪商贸有限公司　　　　计划到货日期：2019 年 2 月 18 日
收货地点：北京市昌平区兴寿镇 17 号　　　收货人：王大伟
北京市京东世纪商贸有限公司配送中心　　发货日期：2019 年 2 月 15 日

序号	物料编号	物料名称	规格	单位	计划数量	备注
1	1001765436	男士保暖内衣 NX118	30 套/箱	箱	100	
2	1001157257	女士保暖内衣 NX117	30 套/箱	箱	120	
3	1001157258	女士保暖内衣 NX116	30 套/箱	箱	80	
4	1002103918	儿童保暖内衣 XL165	30 套/箱	箱	50	
				合计	350	

制单人：李小明　审核人：王勃　　　　　　　　　　　　第 1 页　共 1 页

供应商沈阳恒昌商贸有限公司所有商品的出入库和库内保管由北京市京东世纪商贸有限公司配送中心仓储部的仓管员王大伟负责。2019 年 2 月 18 日 9 时，该通知单的货物到达北京市京东世纪商贸有限公司配送中心。在收货验收过程中，仓管员王大伟发现有5箱编号为1001157258的女士保暖内衣NX116的外包装破损，保暖内衣已经污损，仓管员王大伟经过和供应商协商，把这5箱保暖内衣做拒收、退货处理，并由送货司机直接带回给供应商。同时，王大伟通知采购部的采购员张华，张华根据相关的采购协议，制作了退货单号为RT00210322的退货申请单，其中质检单号为QT012302311（退货原因为：外包装破损，保暖内衣已经污损）。除了拒收的5箱女士保暖内衣NX116外，其他均和入库通知单一致，仓管员王大伟当天根据入库通知单（不包括拒收的5箱女士保暖内衣）编制了入库单号为ZYJHDH546的入库单。当日验收之后，仓管员王大伟根据实际收货情况，在入库单上确认并签字。

对于验收合格的商品，根据商品储存原则和仓库可用货位的情况，仓管员王大伟将男士和女士保暖内衣统一入库到仓库编号为KF001的商品1号库，库区为：服装5区，其中男士保暖内衣NX118储存到编号为A00001储位，女士保暖内衣NX117储存到编号为A00002储位，女士保暖内衣NX116储存到编号为A00003储位。

其中儿童保暖内衣属于热销商品，入库验收后，不入储位直接配送到各门店。仓管员王大伟于2019年2月18日依据此信息制作了作业单号为IB000012011的储位分配单，并交操作组作业人员进行商品的入储位作业，作业结果由操作组作业人员在储位分配单上反馈。

任务：请根据以上案例，以北京市京东世纪商贸有限公司配送中心仓管员王大伟的身份为入库任务准备储位分配单，如表2-4所示。

表2-4 储位分配单

作业单号：

入库单号							仓库编号		
仓管员							日期		
作业明细									
序号	库区	储位	物料名称	物料编号	规格	单位	应放数量	实放数量	备注
制单人					作业人（签字）				

📤 任务评价

评价内容	评价标准	权重	分项得分
任务完成情况	1. 能够独立完成储位分配单的填写； 2. 填写内容准确无误； 3. 填写理由表述清晰准确； 4. 积极参与课堂讨论活动	80%	

续前表

评价内容	评价标准	权重	分项得分
职业素养	1. 具有良好的语言表达能力； 2. 具有自主学习意识； 3. 具有竞争意识； 4. 具有团队合作意识	20%	
总分		评价者签名：	

任务三　送货单

➡ 创设情境

　　2019 年 2 月 13 日，北京市京东世纪商贸有限公司配送中心的订单处理中心收到供应商沈阳恒昌商贸有限公司发来的入库通知单，供应商沈阳恒昌商贸有限公司所有商品的出入库和库内保管由北京市京东世纪商贸有限公司配送中心仓储部的仓管员王大伟负责。在收货验收过程中仓管员王大伟发现供应商送来的送货单与最初的入库通知单上的内容不符，及时与供应商联系沟通。

➡ 知识准备

一、送货作业

　　送货作业是指供应商按照合同要求将商品送到买方指定的地点，由买方或者送货人将商品从货车上卸下、开箱、检验等一系列工作的概括。

　　送货作业一般在仓库或者超市等企业的收货部完成。

二、送货单的含义

　　送货单是在送货作业中，由送货人随货同带的单证，是用以证明送货人按要求完成送货作业的证明。通常情况下送货单是一式三联，其中第三联要求收货人签字作为回执，由送货人带回。

三、送货单填写说明

　　(1) 送货单号：填写送货单的编号；

（2）送货日期：填写送货的实际日期；

（3）单位名称：填写送货单位的名称；

（4）货号、产品名称、规格、单位、单价、数量、金额：填写送货商品的相关信息；

（5）备注：在收货过程中，如有商品质量不符合要求、数量短缺或送货时间不准时等问题，应如实填写，如无特殊情况，则不用填；

（6）送货单位及经手人盖章签字：加盖带有送货单位名称的公章及经手人亲笔签名，证明送货人完成送货作业；

（7）收货单位及经手人盖章签字：加盖带有收货单位名称的公章及收货人亲笔签名，证明收货人完成收货作业。

具体如图2-4所示。

送 货 单

NO.

单位名称：　　　　　　　　送货日期：　　年　月　日

地　　址：　　　　收货人：　　　　电话：

货号	产品名称	规格	单位	单价	数量	金额	备注
1							
2							
3							
4							
运费				合计			

大写金额：　　　　　　　　　　　　　¥：

注：1. 此送货单一经收货人签署即视为有效的购销合同。
2. 此批货物的付款条件为：
3. 超过还款期仍未结算，视为违约，本公司有权行使法律途径予以追讨。｜备注｜

送货单位及经手人（盖章）：　　　　收货单位及经手人（盖章）：

图2-4　送货单

四、送货单回执填写说明

（1）回执单号：填写送货单的回执单单号；

（2）货号、产品名称、规格、单位、发货数量和实收数量：根据送货实际情况填写，如果商品有质量问题或数量问题，导致实际收货数量与送货数量不一致，一定要准确填写，否则会影响费用结算、责任划分、合同履行等；

（3）备注：在收货过程中，如有商品质量不符合要求、数量短缺或送货时间不准时等问题，应如实填写，如无特殊情况，则不用填；

（4）收货单位及收货人盖章签字：加盖带有收货单位名称的公章及收货人亲笔签名，证明收货人完成收货作业。

具体如图2-5所示。

回　执　　NO. 2019001

致：×××集团有限责任公司

贵公司送货收到，实收数量如下：

序号	货号	产品名称	规格	单位	发货数量	实收数量	备注
1			500mL 1×6	件	1 000		
2			500mL 1×6	件	1 000		
3			500mL 1×6	件	1 000		
4							
5							
6							
收货数量（大写）						3 000	

收货单位（盖章）：　　　　　　　　　　　　　　收货人：

图 2-5　回执

📥 任务实施

2019 年 2 月 13 日，北京市京东世纪商贸有限公司配送中心的订单处理中心收到供应商沈阳恒昌商贸有限公司（供应商编号：S0000789）发来的入库通知单。入库通知单信息如表 2-5 所示。

表 2-5　入库通知单

<table>
<tr><td colspan="7" align="center">沈阳恒昌商贸有限公司
入库通知单</td></tr>
<tr><td colspan="3">入库通知单号：ASN201202130105
客户：北京市京东世纪商贸有限公司
收货地点：北京市昌平区兴寿镇 17 号
北京市京东世纪商贸有限公司配送中心</td><td colspan="4">电话：（010）52268866
计划到货日期：2019 年 2 月 18 日
收货人：王大伟
发货日期：2019 年 2 月 15 日</td></tr>
<tr><td>序号</td><td>物料编号</td><td>物料名称</td><td>规格</td><td>单位</td><td>计划数量</td><td>备注</td></tr>
<tr><td>1</td><td>1001765436</td><td>男士保暖内衣 NX118</td><td>30 套/箱</td><td>箱</td><td>100</td><td></td></tr>
<tr><td>2</td><td>1001157257</td><td>女士保暖内衣 NX117</td><td>30 套/箱</td><td>箱</td><td>120</td><td></td></tr>
<tr><td>3</td><td>1001157258</td><td>女士保暖内衣 NX116</td><td>30 套/箱</td><td>箱</td><td>80</td><td></td></tr>
<tr><td>4</td><td>1002103918</td><td>儿童保暖内衣 XL165</td><td>30 套/箱</td><td>箱</td><td>50</td><td></td></tr>
<tr><td></td><td></td><td></td><td></td><td>合计</td><td>350</td><td></td></tr>
<tr><td colspan="5">制单人：李小明　审核人：王勃</td><td colspan="2">第 1 页　共 1 页</td></tr>
</table>

供应商沈阳恒昌商贸有限公司所有商品的出入库和库内保管由北京市京东世纪商贸有

限公司配送中心仓储部的仓管员王大伟负责。2019 年 2 月 18 日 9 时，该通知单的货物到达北京市京东世纪商贸有限公司配送中心，送货司机是沈阳恒昌商贸有限公司配送部的李强。在收货验收过程中，仓管员王大伟发现供应商送来的送货单与最初的入库通知单上的内容不符，编号为 1001157258 的女士保暖内衣 NX116 的实际送货数量只有 60 箱，还差 20 箱，经双方反复清点数量，确认编号为 1001157258 的女士保暖内衣 NX116 确实只送来了 60 箱，按实际送货数量收货，剩余 20 箱下次送货。

　　任务：请根据以上案例，以供应商沈阳恒昌商贸有限公司送货人李强的身份填写送货单；并以收货人王大伟的身份填写送货单回执。

　　送货人李强按照实际送货数量填写送货单，如表 2-6 所示。

表 2-6　送货单

送货单号：
送货日期：

单位名称：

序号	货号	产品名称	规格	单位	单价	数量	金额	备注

送货单位及经手人签字（盖章）：　　　　　　　　　　　收货单位及经手人签字（盖章）：

　　除了发现女士保暖内衣 NX116 短缺 20 箱外，其他均和入库通知单所填写的内容一致，仓管员王大伟在送货单上签字，并填写送货单回执。

任务评价

评价内容	评价标准	权重	分项得分
任务完成情况	1. 能够独立完成送货单和送货单回执的填写； 2. 填写内容准确无误； 3. 填写理由表述清晰准确； 4. 积极参与课堂讨论活动	80%	
职业素养	1. 具有良好的语言表达能力； 2. 具有自主学习意识； 3. 具有竞争意识； 4. 具有团队合作意识	20%	
总分		评价者签名：	

任务四　货物交接清单

➡️ 创设情境

2019年2月13日，北京市京东世纪商贸有限公司配送中心收到供应商沈阳恒昌商贸有限公司的送货，货物经仓储部验收入库，暂存在动管区，准备移交出货部，仓储部王大伟和出货部王平负责此次货物的移交，双方现场移交，完成交接清单。

➡️ 知识准备

一、货物交接

在仓储作业中，货物从一个环节进入到下一环节都要进行交接工作。在一般物流企业中，货物由一个部门移交到下一个部门，必须要由双方部门员工共同在场，完成货物交接工作，双方确认并填写货物交接清单。

这样既可以减少交方和收方的操作失误，又能提升操作准确率、缩短交接时间，避免货物在交接中遗失及人员沟通不畅等因素而造成操作失误。

二、货物交接清单的含义

货物交接清单就是在两个部门间进行货物交接时填写的物流单证，用以说明货物在交接过程中的各种情况，它是划分各部门责任的重要证明。

三、货物交接清单的填写说明

(1) 编号：填写"货物交接清单"的编号；
(2) 序号：从"1"开始填写；
(3) 货品名称、货品编号、单位、规格、数量、金额：填写部门交接货物的相关信息；
(4) 交接时间：填写货物实际交接的时间；
(5) 备注：如果在交接过程中发现货物短缺或者存在质量问题，则在备注中详细注明，如果在交接过程中，没有任何问题，则不用填；
(6) 交接人签字（交方）：完成货物交接的交方经手人签字；
(7) 交接人签字（收方）：完成货物交接的收方经手人签字。
具体如表2-7所示。

表 2-7 货物交接清单

编号：

序号	货品名称	货品编号	单位	规格	数量	金额	交接时间	备注
交接人签字（交方）				交接人签字（收方）				

➥ 任务实施

2019 年 2 月 13 日，北京市京东世纪商贸有限公司配送中心的订单处理中心收到供应商沈阳恒昌商贸有限公司（供应商编号：S0000789）发来的入库通知单。入库通知单信息如表 2-8 所示。

表 2-8 入库通知单

沈阳恒昌商贸有限公司
入库通知单

入库通知单号：ASN201202130105   电话：（010）52268866
客户：北京市京东世纪商贸有限公司   计划到货日期：2019 年 2 月 18 日
收货地点：北京市昌平区兴寿镇 17 号   收货人：王大伟
北京市京东世纪商贸有限公司配送中心   发货日期：2019 年 2 月 15 日

序号	物料编号	物料名称	规格	单位	计划数量	备注
1	1001765436	男士保暖内衣 NX118	30 套/箱	箱	100	
2	1001157257	女士保暖内衣 NX117	30 套/箱	箱	120	
3	1001157258	女士保暖内衣 NX116	30 套/箱	箱	80	
4	1002103918	儿童保暖内衣 XL165	30 套/箱	箱	50	
				合计	350	

制单人：李小明   审核人：王勃   第 1 页　共 1 页

供应商沈阳恒昌商贸有限公司所有商品的出入库和库内保管由北京市京东世纪商贸有限公司配送中心仓储部的仓管员王大伟负责。在收货验收过程中，仓管员王大伟发现有 5 箱编号为 1001157258 的女士保暖内衣 NX116 的外包装破损，保暖内衣已经污损，仓管员王大伟经过和供应商协商，把这 5 箱保暖内衣做拒收、退货处理，并由送货司机直接带回给供应商。其余货物均与入库通知单上的内容一致。2019 年 2 月 20 日，仓管员王大伟将货物暂存在动管区移交给出货部王平，双方现场确认货物无误后，在货物交接清单上签字。

任务：请根据以上案例，以北京市京东世纪商贸有限公司仓管员王大伟的身份，为部门移交工作填写货物交接清单，如表 2-9 所示。

表 2-9 货物交接清单

编号：

序号	货品名称	货品编号	单位	规格	数量	金额	交接时间	备注
交接人签字（交方）				交接人签字（收方）				

⇄ 任务解析

1. 数量：填写时要注意与货物实际数量相符，有些货物如果有缺少，一定要按照实际数量填写。

2. 双方都要在现场，在确认后双方交接人签字留底。

⇄ 任务评价

评价内容	评价标准	权重	分项得分
任务完成情况	1. 能够独立完成货物交接清单的填写； 2. 填写内容准确无误； 3. 填写理由表述清晰准确； 4. 积极参与课堂讨论活动	70%	
职业素养	1. 具有良好的语言表达能力； 2. 具有自主学习意识； 3. 具有竞争意识； 4. 具有团队合作意识	30%	
总分		评价者签名：	

项目三　质检作业

✉ **项目描述**

在质检作业中，缮制退货申请单、质检报告和残损记录表。

◎ **学习目标**

通过本项目的学习，了解质检作业的工作内容，并掌握退货申请单、质检报告和残损记录表的制作方法。

💬 **学习任务**

能够根据实际案例情况，完成退货申请单等质检作业单证的缮制。

任务一　退货申请单

➡ **创设情境** ··· ▼

2019年2月13日，北京市京东世纪商贸有限公司配送中心的订单处理中心收到供应商沈阳恒昌商贸有限公司发来的入库通知单。在收货验收过程中，仓储部的仓管员王大伟发现有5箱编号为1001157258的女士保暖内衣NX116的外包装破损，保暖内衣已经污损，仓管员王大伟经过和供应商协商，把这5箱保暖内衣做拒收、退货处理，并由送货司机直接带回给供应商。同时，王大伟通知采购部的采购员张华，张华根据相关采购协议，制作了退货申请单。

📣 知识准备

一、退货作业

在质检过程中发现商品存在任何问题，都要在第一时间做好各相关部门的沟通协商，仓库可选择当场拒收，进行退换货处理，同时要求填写退换货申请表，退换货双方签字确认留底。

二、退货和退货申请单的含义

退货是指买方将不满意的商品退还给卖方的过程。

退货申请单是仓库相关人员在办理退货作业时填写的单证，用于记录退货原因，以及所退货物的相关信息，如名称、规格、数量，以及退货的日期和时间等。

三、退货的常见原因

（1）商品质量或包装有问题，如破损、污染等；

（2）存货量太大或商品滞销；

（3）商品未到保质期，却已经变质或损坏。

四、退货申请单的填写说明

（1）退货单号：填写该退货单的编号；

（2）供应商名称：填写所退货物的供应商名称；

（3）申请日期：填写制作该退货申请单当天的日期；

（4）物料名称、物料编号、规格、单位、退货数量：填写所退货物的名称、编号、规格以及单位、数量等信息；

（5）质检单号：质检过程中发现商品不合格，要填写该质检单的编号；

（6）退货原因：填写商品不合格的原因；

（7）备注：特殊情况的说明，一般不需填写；

（8）制单人：制作该退货申请单的人员的姓名；

（9）仓管员：参与退货工作的仓管员的姓名。

具体如表3-1所示。

表 3-1　退货申请单

退货单号：

供应商名称					申请日期		
物料名称	物料编号	规格	单位	退货数量	质检单号	退货原因	备注
制单人		仓管员					

任务实施

2019 年 2 月 13 日，北京市京东世纪商贸有限公司配送中心的订单处理中心收到供应商沈阳恒昌商贸有限公司（供应商编号：S0000789）发来的入库通知单。入库通知单信息如表 3-2 所示。

表 3-2　入库通知单

<table>
<tr><td colspan="7" align="center">沈阳恒昌商贸有限公司
入库通知单</td></tr>
<tr><td colspan="4">入库通知单号：ASN201202130105
客户：北京市京东世纪商贸有限公司
收货地点：北京市昌平区兴寿镇 17 号
北京市京东世纪商贸有限公司配送中心</td><td colspan="3">电话：（010）52268866
计划到货日期：2019 年 2 月 18 日
收货人：王大伟
发货日期：2019 年 2 月 15 日</td></tr>
<tr><td>序号</td><td>物料编号</td><td>物料名称</td><td>规格</td><td>单位</td><td>计划数量</td><td>备注</td></tr>
<tr><td>1</td><td>1001765436</td><td>男士保暖内衣 NX118</td><td>30 套/箱</td><td>箱</td><td>100</td><td></td></tr>
<tr><td>2</td><td>1001157257</td><td>女士保暖内衣 NX117</td><td>30 套/箱</td><td>箱</td><td>120</td><td></td></tr>
<tr><td>3</td><td>1001157258</td><td>女士保暖内衣 NX116</td><td>30 套/箱</td><td>箱</td><td>80</td><td></td></tr>
<tr><td>4</td><td>1002103918</td><td>儿童保暖内衣 XL165</td><td>30 套/箱</td><td>箱</td><td>50</td><td></td></tr>
<tr><td colspan="5" align="right">合计</td><td>350</td><td></td></tr>
<tr><td colspan="4">制单人：李小明　审核人：王勃</td><td colspan="3" align="right">第 1 页　共 1 页</td></tr>
</table>

供应商沈阳恒昌商贸有限公司所有商品的出入库和库内保管由北京市京东世纪商贸有限公司配送中心仓储部的仓管员王大伟负责。2019 年 2 月 18 日 9 时，该通知单的货物到达北京市京东世纪商贸有限公司配送中心。在收货验收过程中，仓管员王大伟发现有 5 箱编号为 1001157258 的女士保暖内衣 NX116 的外包装破损，保暖内衣已经污损，仓管员王大伟经过和供应商协商，把这 5 箱保暖内衣做拒收、退货处理，并由送货司机直接带回给供应商。之后，仓管员王大伟根据入库通知单（不包括拒收的 5 箱女士保暖内衣）编制了入库单号为 ZYJHDH546 的入库单。

同时，王大伟通知采购部的采购员张华，张华根据相关采购协议，制作了退货单号为 RT00210322 的退货申请单，其中质检单号为 QT012302311（退货原因为：外包装破损，保暖内衣已经污损）。

任务：请根据以上案例，以北京市京东世纪商贸有限公司采购部采购员张华的身份填制退货申请单，如表 3-3 所示。

表 3-3　退货申请单

退货单号：

供应商名称					申请日期		
物料名称	物料编号	规格	单位	退货数量	质检单号	退货原因	备注
制单人			仓管员				

📄 任务评价

评价内容	评价标准	权重	分项得分
任务完成情况	1. 能够独立完成退货申请单的填写； 2. 填写内容准确无误； 3. 填写理由表述清晰准确； 4. 积极参与课堂讨论活动	80%	
职业素养	1. 具有良好的语言表达能力； 2. 具有自主学习意识； 3. 具有竞争意识； 4. 具有团队合作意识	20%	
总分		评价者签名：	

任务二　质检报告

📄 创设情境

2019 年 1 月 10 日，泰达电脑科技有限公司物流中心的订单处理中心王笑笑收到供应商上海万象科技有限公司发来的入库通知单，供应商上海万象科技有限公司的所有物料的出入库和库内保管由泰达电脑科技有限公司物流中心仓储部的仓管员张明奎负责。仓管员张明奎把入库通知单上记录的 4 种物料交由质检 2 科的质检员宋来飞进行质量检验。2019 年 1 月 12 日，仓管员张明奎收到由质检员宋来飞开具的这批入库物料的质检报告。

➡ 知识准备

一、质检作业

质检作业是指按照质量规定标准，检查收入仓库的货物的质量、规格和等级是否与标准符合，对于技术性强、需要用仪器测定分析的货物，还要由专职技术人员进行检验。仓储活动的第一要务就是要保管好货物，因此保证在仓库中存放的货物完好无损是仓库各部门工作人员的一项重要工作。在仓储作业中，所有货物进入仓库前，或者长期存放在仓库中，都应该及时进行质检作业。因此大多数仓库都设有专门负责货物质量检验的部门和工作人员。

二、质检报告的含义

在质量检验过程中，对于检验过程及结果进行记录的报告就是质检报告。主要用于记录货物的质量检验过程、检验方法及检验结果，特别是对于不合格商品可作为退换货的依据，用以划分双方责任。

因为每个单位主要商品的性质不同，质量检验的侧重点也会有所不同，因此质检作业的方式和质检报告的内容也会不尽相同，比如有些商品需要对其进行化学成分检验；有些商品需要使用精密仪器进行检验；还有些商品需要对其操作系统进行检验。这里只介绍普通商品质检报告的主要内容，并将其作为一般质检作业的参考。

不管质检作业的方式有怎样的区别，质检作业的最终目的都是检验出不合格商品，从而保证商品质量。

三、质检报告的填写说明

（1）事业部名称：质检部门名称；

（2）质检单编号：该质检单的编号；

（3）供应商名称：该质检单检验的货物所属的供应商全称；

（4）商品名称：发生退换货业务时，由各事业部相应人员填写（商务人员会根据此项做订单，所以一定要填写清晰、准确）；

（5）到货日期、到货数量：填写货物进入仓库的时间和数量；

（6）商品编号：所检验货物的编号；

（7）检验日期：检验货物的日期；

（8）检验数量：所检验货物的数量；

（9）故障现象描述：退换货要在此处填写故障现象，其他情况均应说明货物的详细情况；

（10）不合格原因：造成货物出现故障的原因；

（11）检查记录：按照外包装检验、性能检验、随到附件检验 3 个项目记录检验情况；

（12）检验员：负责此次检验作业的工作人员签字；

（13）检验处意见：对质量有问题的商品的处理意见；

（14）建议入库工厂及库别：要填写清楚，这是库房确认库存地点的重要依据，其中工厂需手工填写，库别可勾选或手工录入；

（15）事业部意见：一些特殊情况检验处不能做出决定时，由事业部总经理及其授权人签字确认。

➡ 任务实施

2019 年 1 月 10 日，泰达电脑科技有限公司物流中心的订单处理中心王笑笑收到供应商上海万象科技有限公司（供应商编号：S0000121）发来的入库通知单。入库通知单信息如表 3-4 所示。

表 3-4　入库通知单

<table>
<tr><td colspan="7" align="center">上海万象科技有限公司
入库通知单</td></tr>
<tr><td colspan="4">入库通知单号：ASN201106100021
客户：泰达电脑科技有限公司
收货地点：上海市嘉定区西北物流园区泰达电脑
科技有限公司物流中心</td><td colspan="3">电话：（021）56064330
计划到货日期：2019 年 1 月 12 日
收货人：张明奎
发货日期：2019 年 1 月 11 日</td></tr>
<tr><td>序号</td><td>物料编号</td><td>物料名称</td><td>规格</td><td>单位</td><td>计划数量</td><td>备注</td></tr>
<tr><td>1</td><td>7200015-10</td><td>独立显卡</td><td>GV-N52128TE</td><td>套</td><td>30</td><td></td></tr>
<tr><td>2</td><td>7200015-09</td><td>集成显卡</td><td>GV-R587SO-1GD</td><td>套</td><td>60</td><td></td></tr>
<tr><td>3</td><td>7200018-12</td><td>无线模块</td><td>GN-WS31N-RH</td><td>套</td><td>35</td><td></td></tr>
<tr><td>4</td><td>7200019-02</td><td>主板</td><td>GA-Z68XP-UD3P</td><td>套</td><td>55</td><td></td></tr>
<tr><td></td><td></td><td></td><td></td><td>合计</td><td>180</td><td></td></tr>
<tr><td colspan="4">制单人：孙淼</td><td colspan="3">审核人：程利</td></tr>
</table>

2019 年 1 月 12 日 9 时，仓管员张明奎根据入库通知单编制入库单号为：ZYJH-DH435 的入库单。

供应商上海万象科技有限公司的所有物料的出入库和库内保管由泰达电脑科技有限公司物流中心仓储部的仓管员张明奎负责。11 时，该通知单的货物到达泰达电脑科技有限公司物流中心，在收货验收过程中，仓管员张明奎发现有 8 套编号为 7200019-02 的主板的外包装破损，里面的物料已经变形，仓管员张明奎经过和供应商协商，将这 8 套主板当场拒收并由送货司机直接带回给供应商，除了拒收的 8 套主板外，其他均和入库通知单一致，当日 12 时完成验收，仓管员根据实际收货情况在入库单上签字确认。

仓管员张明奎把这 4 种物料交由质检 2 科的质检员宋来飞进行质量检验。2019 年 1 月 12 日下午，仓管员张明奎收到由质检员宋来飞开具的这批入库物料的质检报告，质检报告的质检单号为 QT012304507，内容显示：外包装检验全部合格，性能检验中编号为 7200018-12 的无线模块的质量全部不合格（故障现象描述：发射器的频率不稳定），其他

3 种物料质量均合格，没有随到附件。复验员李明，检验日期是 2019 年 1 月 12 日，检验处意见：送到待修库等待修理。

任务：请根据以上案例，以泰达电脑科技有限公司质检部复验员李明的身份填制质检报告，如表 3-5 所示。

表 3-5 质检报告

事业部名称：		质检单编号：	
供应商名称：			
商品名称：	到货日期：		到货数量：
商品编号：	检验日期：		检验数量：
故障现象描述			
不合格原因			
检查记录	检验项目	检 验 记 录	
	1. 外包装检验		
	2. 性能检验		
	3. 随到附件检验		
	检验员：		
检验处意见	建议入库工厂及库别：	待修库☐　　商品库☐　　☐索赔库　　☐其他	
	经理：	日期：	
事业部意见			
	总经理：	日期：	

➡ **任务解析**

1. 故障现象描述：填写商品出现的故障。

2. 不合格原因：填写造成商品出现故障的原因。

3. 检验项目：根据案例信息，只对货物外包装和性能进行了检验，没有随到附件，所以只填写外包装检验和性能检验两个项目即可。

📑 任务评价

评价内容	评价标准	权重	分项得分
任务完成情况	1. 能够独立完成质检报告单的填写； 2. 填写内容准确无误； 3. 填写理由表述清晰准确； 4. 积极参与课堂讨论活动	70%	
职业素养	1. 具有良好的语言表达能力； 2. 具有自主学习意识； 3. 具有竞争意识； 4. 具有团队合作意识	30%	
总分		评价者签名：	

任务三　残损记录表

📑 创设情境

2019年2月16日，天津天宝空调有限公司物流中心的订单处理中心收到供应商郑州雨顺空调工程材料有限公司发来的入库通知单，货物收入仓库后，仓管员严浩把货物交由质检2科的质检员杨长波进行质量检验。2019年2月21日下午，仓管员严浩收到由质检员杨长波开具的这批入库物料的质检报告和残损记录表。

📑 知识准备

一、货物残损的含义

货物的包装或外表发生破损、污损、锈蚀、异常变化等现象，危及或可能危及货物的数量或质量以及销售时，称为货物残损。

货物残损的原因有人为原因和非人为原因。人为原因是指理货员在拣货、叉装、上下货架，稽核员在进出库，司机在装卸货，配送站在配送等过程中造成的商品残损。非人为原因是指商品出厂时即存在残次未被发现，或由于外界因素造成的合理损耗。发现的残损货物，要放入指定货架和指定货区，待问题确认后再做处理。

二、货物残损单的含义

货物残损单是指卸货完毕后，根据卸货过程中发现的货物破损、水湿、水渍、渗漏、霉烂、生锈、弯曲变形等情况记录编制的，证明货物残损情况的单据。

三、货物残损的责任界定

（1）仓库在货物验收检查过程中发现的残损，在接收当场双方确认，划分责任，原残货物损失不由仓库承担责任。

（2）仓库在货物作业、码垛和保管中由于不当操作造成的货物损害，以及仓库在接收货物时未发现而在交付时发现的货物残损为工残。

（3）免责货损。货物在仓库期间发生的货损，属于以下原因的，送货方不承担责任，但送货商要证明货损的原因，即送货商有举证的义务：

1）不可抗力；

2）货物本身的自然性质和潜在缺陷；

3）货物自然减量和合理耗损，以及作业委托人确定的重量不准确；

4）包装内在缺陷，或包装虽然完整但内容不符；

5）标记错制、漏制、不清；

6）作业委托人自行照料不当而造成的损失，以及证明不属于送货方责任造成的有生命动植物的疾病、死亡、枯萎、减量和易腐货物的变质；

7）非送货方责任造成的损失。

四、货物残损的处理

（1）理货验收和卸载时要剔出残损。在卸船、卸车作业中，发现货物残损，理货员应停止卸货作业，要求作业人员将残损货物剔出另放，严格防止将已残损货物混入正常货物之中。待工班结束或作业完毕时，会同对方对剔出的残损货物进行查验登记，核对货运记录或者编制现场记录、货运记录或残损单并上报。

（2）作业过程中因操作不当造成货物损害的，要及时编制事故报告或现场记录，由操作责任人、作业工班班长签字，将事故记录上报货运商务部门。

（3）对剔出的残损货物要按票分开堆放，不得混入货垛，并采取防止扩大残损的措施妥善保管。在起运港的原残，通知发货人换货或者修理货物。发货人无法换货或修理的，与编制的货运记录、残损单一起随原货运输、交接。

（4）目的港或者中途港，以及收货人、转运人在接收货物时不能拒收残损货物。

（5）整票货物完全残损丧失用途时，经合法检验确认，港口通知收货方后可以不再转运，作为垃圾处理。但货运单证必须正常传递和交接。

五、残损记录表的填写说明

（1）物料编号：填写残损物料的编号；

（2）物料名称：填写残损物料的名称；

（3）残损数量：填写残损物料的数量；

（4）原单价：填写残损物料的原单价；

（5）原金额：填写残损物料的原金额（等于原单价×残损数量）；

（6）现单价：填写残损物料出现残损后的单价；

（7）现金额：填写残损物料出现残损后的金额（等于现单价×残损数量）；

（8）损失金额：填写物料因残损而损失的金额差价（等于原金额－现金额）；

（9）残损情况：填写物料的残损程度、残损状况；

（10）残损原因：填写造成物料残损的具体原因。

任务实施

2019年2月16日，天津天宝空调有限公司物流中心的订单处理中心收到供应商郑州雨顺空调工程材料有限公司（供应商编号：S0000218）发来的入库通知单。入库通知单信息如表3-6所示。

表3-6 入库通知单

郑州雨顺空调工程材料有限公司 入库通知单					
入库通知单号：ASN201202160031 客户：天津天宝空调有限公司 收货地点：天津市滨海工业区200号天津天宝空调有限公司物流中心			电话：(022) 61164431 计划到货日期：2019年2月21日 收货人：严浩 发货日期：2019年2月18日		
序号	物料编号	物料名称	规格	单位	计划数量	备注
1	6800020－13	410A铜配件	Q1－25T16C－13141	套	45	
2	6800020－15	风道挤塑板	Q1－25T16C－13147	套	40	
3	6800020－27	U形回油弯	Q1－25T16C－13001	套	55	
4	6800165－01	分歧管	Q1－1502T16V－139	套	60	
				合计	200	
制单人：刘小鹏　　审核人：张茜				第1页　共1页		

供应商郑州雨顺空调工程材料有限公司的所有物料的出入库和库内保管由天津天宝空调有限公司物流中心仓储部的仓管员严浩负责。2019年2月21日9时，仓管员严浩根据入库通知单编制了入库单号为ZYJHDH329的入库单。10时，该通知单的货物到达天津天宝空调有限公司物流中心。在收货验收过程中，仓管员严浩发现有3套编号为6800165－01的分歧管的外包装破损，里面的物料已经变形，仓管员严浩经过和供应商协商，将

这 3 套分歧管当场拒收并由送货司机直接带回给供应商,除了拒收的 3 套分歧管外,其他均和入库通知单一致。当日验收之后,仓管员严浩根据实际收货情况在入库单上签字确认。

仓管员严浩把这 4 种物料交由质检 2 科的质检员杨长波进行质量检验。2019 年 2 月 21 日下午,仓管员严浩收到由质检员杨长波开具的这批入库物料的残损记录表,该残损记录表的单号为 CS012303378,内容显示:编号为 6800020 - 27 的 U 形回油弯有 20 套出现质量问题(刚度值不稳定),造成货物残损的原因为货物保管不当而导致受潮锈蚀,其他 3 种物料均无质量问题。该 U 形回油弯原单价 10 元,出现问题后无法销售,折旧处理后现单价 1 元。

任务:请根据以上案例,以天津天宝空调有限公司物流中心质检员杨长波的身份填制残损记录表,如表 3 - 7 所示。

表 3 - 7 残损记录表

序号	物料编号	物料名称	残损数量	原单价	原金额	现单价	现金额	损失金额	残损情况	残损原因

⇄ 任务解析

1. 物料编号、物料名称、残损数量:填写出现质量问题的货物信息。
2. 原金额:原单价×残损数量。
3. 现金额:现单价×残损数量。
4. 残损情况:填写货物出现的质量问题。
5. 残损原因:填写造成货物出现质量问题的原因。

⇄ 任务评价

评价内容	评价标准	权重	分项得分
任务完成情况	1. 能够独立完成残损记录表的填写; 2. 填写内容准确无误; 3. 填写理由表述清晰准确; 4. 积极参与课堂讨论活动	70%	
职业素养	1. 具有良好的语言表达能力; 2. 具有自主学习意识; 3. 具有竞争意识; 4. 具有团队合作意识	30%	
总分		评价者签名:	

项目四 分拣作业

📨 项目描述

在分拣作业中，缮制拣货单。

◎ 学习目标

通过本项目的学习，了解分拣作业的分类与方法，并掌握拣货单的制作方法。

💬 学习任务

能够根据实际情况，完成分拣作业单证的缮制。

任务　拣货单

➡ 创设情境

2019 年 2 月 16 日，上海天宝物流中心的订单中心的计划员韩宇收到来自上海市 BLUE 服装有限公司的发货通知单，仓管员王波根据库存信息和按入库日期先入先出的出库规则编制了拣货单，然后交给拣货组的拣货员姜伟平进行分拣作业。

➡ 知识准备

一、分拣作业

分拣作业就是将用户所订的货物从储存保管处取出，按一定要求进行分类、集中、处理和放置的过程。

分拣作业是现代配送中心的核心流程，它在配送中心的作业中所占的比例越来越大，是最耗费人力和时间的作业，也是评价配送服务水平的重要因素。在降低分拣错误率的情况下，将正确的货物、正确的数量、在正确的时间内及时配送给顾客，是分拣作业最终的目的及功能。

二、分拣作业的方式

分拣作业的方式通常有三种，即按单分拣（又称摘果式分拣）、按品种分拣（又称批量分拣、播种式分拣）和复合分拣。

（一）按单分拣

按单分拣就是分拣人员或分拣工具巡回于各储存点，按订单所要求的物品，完成货物的配货。由于这种方式类似于人们进入果园，在一棵树上摘下已成熟的果子后，再转到另一棵树去摘果子，所以又称为"摘果式分拣"。

（二）按品种分拣

按品种分拣就是由分拣人员或分拣工具从储存点集中取出各个用户共同需要的某种货物，然后巡回于各用户的货位之间，按每个用户的需要量分放后，再集中取出共同需要的第二种货物。如此反复进行，直至用户需要的所有货物都分放完毕，即完成各个用户的配货工作，因此也称为批量分拣。由于这种方式类似于人们在进入农田前，先提前准备好同一种农作物的种子，进入农田后再在各个位置上播撒种子，所以又称为"播种式分拣"。

（三）复合分拣

复合分拣就是按单分拣与批量分拣的组合运用，即按订单品项、数量和出库频率决定哪些订单适合按单分拣，哪些适合批量分拣。

三、分拣作业的原则

无论选择哪种分拣方式，所有仓储作业中的分拣作业都要严格按照"先入先出、易霉易坏先出、生产批次靠前先出"的原则拣货，保证货物在仓库中的存放时间不会过长，不会变质，不会超过产品的有效保质期，以保障商品的品质。

四、拣货单的含义

拣货单是在拣货作业中填写的用于记录分拣货物的名称、数量、规格及所在位置等相关信息的单证。拣货单上标明储位，并按储位顺序排列货物编号，作业人员据此编号可缩短拣货路径，提高拣货作业效率。

在拣货作业过程中，仓管员根据订单制定拣货策略，然后填写拣货单，拣货人员通过拣货单获得拣货信息后，依照拣货信息拣取相应货物，并按照一定的方式将货物分类集中。拣货作业主要包括拣货单的制作、拣货员行走搬运、拣取货物和分类集中等环节。因此拣货单的制作是拣货作业顺利完成的根本保障。如图 4-1 所示。

××物流中心拣货单

第1页，共1页

单号：89180502210128　　配货作业号：0502210001　　拣货次序：2080297　　拣货门店：苏州苏苑5310
拣货区：40　　　　　　　货道：4001　　　　　　　拣货员：系统管理员　　拣货类型：拆零
品种数：14　　　　　　　总件数：14　　　　　　　装车状态：未装车
拣货金额：313.3　　　　　周转箱数：0　　　　　　　实际箱数：0

序	货位	货品代码	货品名称	批号	单位	规格	件数	数量	条码	周转箱号
拣货道：4001										
1	40010411	31031101	金力波顺啤 640mL	-	瓶	1×12	1	12		
2	40010811	31030708	三得利蓝特爽啤酒 640mL	-	瓶	1×12	1	12	6926027711061	
3	40011711	03091705	水森活纯净水 3800mL	-	桶	1×4	1	4		
4	40012221	03010302	可口可乐 600mL	-	瓶	1×24	1	24		
5	40013421	13010380	来一桶酸菜牛肉火锅面 137g	-	桶	1×12	1	12	6925303773038	
6	40041911	13070709	龙口粉丝香辣排骨 63g	-	碗	1×12	1	12	6928537100045	
7	40042411	53171101	S双船卫生纸 500g	-	包	1×10	1	10		
8	40043221	13010952	农心辛大碗面 117g	-	碗	1×12	1	12		
9	40043811	13010375	VI统一来一桶（番茄牛肉） 109	-	桶	1×12	1	12	6925303773007	
10	40044721	13010150	康师傅红烧牛肉珍碗面 90g	-	碗	1×12	1	12		
11	40044811	13010351	统一来一桶（红椒牛肉）110g	-	桶	1×12	1	12	6910505017219	
12	40045011	13010157	康师傅椒香牛肉大桶面 117g	-	桶	1×12	1	12		
合计：							12	146		

填单人：WMS测试员工　　　　　　　　　　　　　　　　　生成时间：2019-2-21 13:50:40

图 4-1 拣货单

五、拣货作业的工作步骤

（1）仓管员编制拣货单，生成拣货信息；
（2）拣货员领取拣货单，选择拣货设备；
（3）拣货员凭单拣货并进行标记；
（4）拣货完毕，拣货员签字确认；
（5）送货至复核区，交仓管员复核。

六、拣货单填写说明

（1）作业单号：填写拣货单的编号；
（2）货主名称：填写所拣货物的所有人，即应该出库的货物的货主名称；
（3）出库单号：填写所拣货物的出库单的编号；
（4）仓库编号：填写实施拣货的仓库的编号；
（5）制单日期：填写缮制拣货单的日期；
（6）序号：填写数字，一般从"1"开始按顺序填写；
（7）库区：填写所拣货物存放的仓库库区；
（8）储位：填写所拣货物存放的储位；

（9）实拣数量：填写实际拣取货物的数量；

（10）制单人：制作该拣货单的工作人员的姓名；

（11）拣货人（签字）：实施拣货作业的工作人员的姓名。

📥 任务实施

2019 年 2 月 16 日，上海天宝物流中心的订单中心计划员韩宇收到来自上海市 BLUE 服装有限公司的发货通知单。发货通知单信息如表 4－1 所示。

表 4－1　发货通知单

<table>
<tr><td colspan="8" align="center">上海市 BLUE 服装有限公司
发货通知单</td></tr>
<tr><td colspan="4">发货通知单号：ASN201104160007</td><td colspan="4">发货仓库：上海天宝物流中心仓库</td></tr>
<tr><td colspan="4">收货客户：上海新世界百货有限公司</td><td colspan="4">发货地址：上海市宝安区石岩物流园 299 号</td></tr>
<tr><td colspan="4">收货地址：上海市福田区梅华路 300 号</td><td colspan="4">仓库类别：第三方物流仓库</td></tr>
<tr><td colspan="4">收货人：魏涛</td><td colspan="4">仓库联系人：韩宇</td></tr>
<tr><td colspan="4">收货人电话：（020）89890012</td><td colspan="4">仓库电话：（020）89430128</td></tr>
<tr><td colspan="8">发货日期：2019 年 2 月 17 日</td></tr>
<tr><td>序号</td><td>货品编号</td><td>货品名称</td><td>规格</td><td>单位</td><td>计划数量</td><td>实际数量</td><td>备注</td></tr>
<tr><td>1</td><td>CMS15－105P</td><td>BLUE 男士格子短袖衬衣</td><td>10 件/箱</td><td>箱</td><td>30</td><td></td><td></td></tr>
<tr><td>2</td><td>NWP49－276T</td><td>BLUE 女士雪纺衬衫</td><td>8 件/箱</td><td>箱</td><td>20</td><td></td><td></td></tr>
<tr><td>3</td><td>CMS19－429X</td><td>BLUE 男士简约休闲西装</td><td>5 套/箱</td><td>箱</td><td>10</td><td></td><td></td></tr>
<tr><td></td><td></td><td></td><td></td><td>合计</td><td>60</td><td></td><td></td></tr>
<tr><td colspan="6">制单人：严明　审核人：徐静</td><td colspan="2">第1页　共1页</td></tr>
</table>

计划员韩宇将发货通知单交接给仓储部专门负责上海市 BLUE 服装有限公司货品的仓管员王波，王波首先根据发货通知单查询库存情况，上海市 BLUE 服装有限公司所有货品都存放在编号为 KF009 的仓库，该货主的所有货品的库存情况如表 4－2 所示。

表 4－2　货品库存情况

库区	储位	货品编号	货品名称	规格	单位	质量状态	库存数量	批次	入库日期
服装 2 区	C01021	CMS26－991T	BLUE 男士休闲 T 恤	10 件/箱	箱	正常	45	201802	2018－02－01
服装 2 区	C01022	CMS26－991T	BLUE 男士休闲 T 恤	10 件/箱	箱	正常	45	201802	2018－02－05
服装 2 区	C01023	CMS10－021Q	BLUE 男士POLO 衫	10 件/箱	箱	正常	40	201803	2018－03－02
服装 2 区	C01024	CMS10－021Q	BLUE 男士POLO 衫	10 件/箱	箱	正常	40	201801	2018－01－04
服装 3 区	C02011	CMS15－105P	BLUE 男士格子短袖衬衣	10 件/箱	箱	正常	40	201802	2018－02－19

续前表

库区	储位	货品编号	货品名称	规格	单位	质量状态	库存数量	批次	入库日期
服装 3 区	C02012	CMS15 - 105P	BLUE男士格子短袖衬衣	10件/箱	箱	正常	40	201803	2018 - 03 - 01
服装 3 区	C02021	NWP49 - 276T	BLUE女士雪纺衬衫	8件/箱	箱	正常	45	201803	2018 - 03 - 29
服装 3 区	C02022	NWP49 - 276T	BLUE女士雪纺衬衫	8件/箱	箱	正常	12	201802	2018 - 02 - 14
服装 4 区	C02001	NWP49 - 276T	BLUE女士雪纺衬衫	8件/箱	箱	正常	8	201802	2018 - 02 - 04
服装 4 区	C02002	NWP49 - 276T	BLUE女士雪纺衬衫	8件/箱	箱	正常	45	201804	2018 - 04 - 01
服装 4 区	C07003	CMS19 - 429X	BLUE男士简简约休闲西装	5套/箱	箱	正常	20	201802	2018 - 02 - 05
服装 4 区	C08003	CMS19 - 429X	BLUE男士简简约休闲西装	5套/箱	箱	正常	20	201801	2018 - 01 - 17

仓管员王波根据以上库存信息和按入库日期先入先出的出库规则，于 2019 年 2 月 17 日编制了作业单号为 PK2011040016 的拣货单，然后交给拣货组的拣货员姜伟平进行分拣作业。当天下午，拣货员姜伟平按拣货单完成所有的拣货作业并根据拣货情况对拣货单进行反馈，所需货品没有出现库存不足等异常情况。

任务（摘果式）： 请根据以上案例，以上海天宝物流中心的订单中心仓管员王波的身份填制拣货单，如表 4 - 3 所示。

表 4 - 3 拣货单

作业单号：

货主名称				仓库编号					
出库单号				制单日期					
货品信息									
序号	库区	储位	货品编号	货品名称	规格	单位	应拣数量	实拣数量	备注
制单人					拣货人（签字）				

🔁 任务解析

1. 作业单号、货主名称、出库单号、仓库编号和制单日期：直接参照案例信息填写即可。

2. 先入先出原则：即挑选"入库日期"较早的商品；当两批货物的入库日期相同时，再按"批次"先后挑选，较早进入仓库的商品先出库。

3. 当一个储位上的货物不能直接满足出库通知单上的该品种货物的预订数量时，先将该储位上的货物一次全部拣出，然后再按照先入先出的原则在其他储位上取出剩余数量的货物即可。

4. 该项目要求填制单证，因此制单人和拣货人都应填写。

任务评价

评价内容	评价标准	权重	分项得分
任务完成情况	1. 能够独立完成拣货单的填写； 2. 填写内容准确无误； 3. 填写理由表述清晰准确； 4. 积极参与课堂讨论活动	80%	
职业素养	1. 具有良好的语言表达能力； 2. 具有自主学习意识； 3. 具有竞争意识； 4. 具有团队合作意识	20%	
总分		评价者签名：	

项目五　出库作业

项目描述

在出库作业中，缮制出库单、移库单和盘点单。

学习目标

通过本项目的学习，了解出库作业的流程，并掌握出库单、移库单和盘点单的制作。

学习任务

能够根据实际情况，完成出库作业单证的缮制。

任务一　出库单

创设情境

2019 年 2 月 16 日，上海天宝物流中心的订单中心计划员韩宇收到来自货主上海市 BLUE 服装有限公司的发货通知单。计划员韩宇将发货通知单交接给仓储部专门负责上海市 BLUE 服装有限公司货品的仓管员王波，王波首先根据发货通知单查询库存情况，然后根据库存信息和按入库日期先入先出的出库规则，编制了出库单准备进行出库作业。

知识准备

一、出库作业

出库作业是完成商品拣选及流通加工作业后送货前的准备工作。出库作业包括准备送货文件、为客户打印出库单据、准备发票、制订出库调度计划、决定货品在车上的摆放方式、打印装车单等工作。具体可细分为核单备货、复核、登账和整理等一系列活动。

（1）核单备货。商品出库（包括移库、过户、提取样品等）必须填写相应出库单作为正式凭证。仓库要认真审查提货凭证，在有效期内发货。除审核凭证的真实性、有效期外，还需要核对商品的品名、型号、规格、数量、收货单位等信息。审核凭证后，按照凭证所列项目备货。

（2）复核。仓管员必须按出库凭证所列项目逐项复核，做到数量准确、质量完好、包装牢固、标志清晰，并向提货人或运输人员办理交接，双方确认签字。为防止差错，备货后应立即进行复核。出库的复核形式主要有专职复核、交叉复核和环环复核三种。此外，在发货作业的各个环节都贯穿着复核工作。

（3）登账和整理。点交后，仓管人员应在出库单上填写实发数、发货日期等内容，并签章。整理包括现场清理和档案整理。现场清理包括清理库存商品、库房、场地、设备等；档案整理是指对收发、保养、盈亏数量等情况及时进行整理，并填写盘点单。

二、出库作业的原则与要求

（一）出库作业的原则

出库时应遵循"先入先出、推陈储新"的原则——易霉易坏的先出，接近失效期的先出，包装简易的先出，回收利用的先出。同时还要注意及时做好出库记录，库存数量的增减要准确。

（二）出库作业的要求

三不：未接单据不翻账，未经审单不备库，未经复核不出库；
三核：在发货时，核实凭证、核对账卡、核对实物；
五检查：对单据和实物要进行品名检查、规格检查、包装检查、件数检查、重量检查。

三、商品出库的基本方式

（1）送货；
（2）自提；
（3）转仓（移仓）；
（4）取样；
（5）过户。

四、合理组织商品出库的意义

（1）做好出库工作，是仓库提高服务水平、树立良好客户形象的重要环节；
（2）合理组织商品出库，对于提高仓储效率、物流效率和企业经济效益具有重要作用；

五、出库单的含义

出库单是在出库作业中记录出库货物的相关信息以及出库作业内容的单证,主要目的是保证库存数量准确。

六、出库单填写说明

(1) 作业计划单号:填写出库单的号码;

(2) 库房:填写所需出库货物存放的仓库号码;

(3) 客户名称、收货单位名称:分别填写出库货物收货方的姓名和公司名称;

(4) 发货通知单号:填写发货通知单号码;

(5) 出库时间:填写货物提取装车运走的时间;

(6) 应发数量、实发数量:分别填写出库货物的应发数量、实际发送数量;

(7) 货位号:填写出库货物存放的位置号;

(8) 批号:填写出库货物的批次;

(9) 保管员:填写出库货物所在仓库的保管员的姓名;

(10) 提货人:填写将货物提走的人的姓名;

(11) 制单人:填写制作出库单的人的姓名。

➡ 任务实施

2019 年 2 月 16 日,上海天宝物流中心的订单中心计划员韩宇收到来自货主上海市 BLUE 服装有限公司的发货通知单。发货通知单信息如表 5-1 所示。

表 5-1 发货通知单

上海市 BLUE 服装有限公司 发货通知单						
发货通知单号:ASN201104160007			发货仓库:上海天宝物流中心仓库			
收货客户:上海新世界百货有限公司			发货地址:上海市宝安区石岩物流园 299 号			
收货地址:上海市福田区梅华路 300 号			仓库类别:第三方物流仓库			
收货人:魏涛			仓库联系人:韩宇			
收货人电话:(020) 89890012			仓库电话:(020) 89430128			
发货日期:2019 年 2 月 17 日						
序号	货品编号	货品名称	规格	单位	计划数量	实际数量	备注
1	CMS15-105P	BLUE 男士格子短袖衬衣	10 件/箱	箱	30		
2	NWP49-276T	BLUE 女士雪纺衬衫	8 件/箱	箱	20		
3	CMS19-429X	BLUE 男士简约休闲西装	5 套/箱	箱	10		
				合计	60		
制单人:严明　　审核人:徐静					第 1 页　共 1 页	

计划员韩宇将发货通知单交接给仓储部专门负责上海市 BLUE 服装有限公司货品的仓管员王波,王波首先根据发货通知单查询库存情况,上海市 BLUE 服装有限公司所有货品

都存放在编号为 KF009 的仓库，该货主的所有货品的库存情况如表 5-2 所示。

表 5-2　货品库存情况

库区	储位	货品编号	货品名称	规格	单位	质量状态	库存数量	批次	入库日期
服装 2 区	C01021	CMS26-991T	BLUE 男士休闲 T 恤	10 件/箱	箱	正常	45	201802	2018-02-01
服装 2 区	C01022	CMS26-991T	BLUE 男士休闲 T 恤	10 件/箱	箱	正常	45	201802	2018-02-05
服装 2 区	C01023	CMS10-021Q	BLUE 男士 POLO 衫	10 件/箱	箱	正常	40	201803	2018-03-02
服装 2 区	C01024	CMS10-021Q	BLUE 男士 POLO 衫	10 件/箱	箱	正常	40	201801	2018-01-04
服装 3 区	C02011	CMS15-105P	BLUE 男士格子短袖衬衣	10 件/箱	箱	正常	40	201802	2018-02-19
服装 3 区	C02012	CMS15-105P	BLUE 男士格子短袖衬衣	10 件/箱	箱	正常	40	201803	2018-03-01
服装 3 区	C02021	NWP49-276T	BLUE 女士雪纺衬衫	8 件/箱	箱	正常	45	201803	2018-03-29
服装 3 区	C02022	NWP49-276T	BLUE 女士雪纺衬衫	8 件/箱	箱	正常	12	201802	2018-02-14
服装 4 区	C02001	NWP49-276T	BLUE 女士雪纺衬衫	8 件/箱	箱	正常	8	201802	2018-02-04
服装 4 区	C02002	NWP49-276T	BLUE 女士雪纺衬衫	8 件/箱	箱	正常	45	201804	2018-04-01
服装 4 区	C07003	CMS19-429X	BLUE 男士简约休闲西装	5 套/箱	箱	正常	20	201802	2018-02-05
服装 4 区	C08003	CMS19-429X	BLUE 男士简约休闲西装	5 套/箱	箱	正常	20	201801	2018-01-17

　　仓管员王波根据以上库存信息和按入库日期先入先出的出库规则，于 2019 年 2 月 17 日编制了出库单号为 OC20110417107 的出库单。仓管员王波根据发货通知单和实际拣货情况对出库单进行完成作业后的反馈，于当天下午把出库单和出库的货品一起交给配送部，由配送部进行配送。

　　任务：请根据以上案例，以上海天宝物流中心的订单中心仓管员王波的身份为出库任务编制出库单，如表 5-3 所示。

表 5-3　出库单

作业计划单号：

库房			☐正常商品			☐退换货			
客户名称			发货通知单号				出库时间		
收货单位名称									
货品信息									
产品名称	产品编号	规格	单位	应发数量		实发数量	货位号	批号	备注
保管员			提货人				制单人		

任务解析

1. 首先根据先入先出原则挑选出较早进入仓库的货物，如果入库时间相同，则再按"批次"先后排序；如果找到的该储位上的货物数量不能满足发货通知单上的数量，则要先把该储位上的货物全部找出，然后再找其他储位上入库时间较早的货物，直到出库数量满足发货通知单上的数量为止，然后依次填写挑选出的货物的信息。

2. 货位号：填写按先入先出原则挑选出的货物的储位号。

3. 该任务要求编制物流单证，因此需要制单人签字。

任务评价

评价内容	评价标准	权重	分项得分
任务完成情况	1. 能够独立完成出库单的填写； 2. 填写内容准确无误； 3. 填写理由表述清晰准确； 4. 积极参与课堂讨论活动	80%	
职业素养	1. 具有良好的语言表达能力； 2. 具有自主学习意识； 3. 具有竞争意识； 4. 具有团队合作意识	20%	
总分		评价者签名：	

任务二 移库单

创设情境

2018 年 10 月 26 日，青岛金椰王食品有限公司销售部王刚收到河北唐山玉田食品批发公司采购部李兴的订货单，要求订购一批原材料：木耶丝、椰蓉、椰浆。其中产品编号为 CP02 的椰蓉（200 箱）属于出库频率较低的商品，CK02 仓库仓管员许飞（负责回单）于 2018 年 11 月 1 日接到仓储部经理的移库通知，要求在 2018 年 11 月 5 日完成移库作业。

⇄ 知识准备 ....▼

一、移库作业

移库作业是指不同仓库之间的货物进行仓库转移的操作，目的是满足仓库之间货物的互补和运输配送的优化。

二、移库的作用

移库作业可以规范仓储管理，确保库存数据的准确性和出库作业的安全性，提高作业效率。

三、移库的原因

（1）进行盘点作业时发现货物损坏或质量下降而要求移库，以对货物分类管理；

（2）盘点时发现货物放错地方，需要重新调整；

（3）入库时，因托盘不够用而产生拼托，等托盘充足时进行移库；

（4）货物大部分出库后，剩余的部分暂时存放在某处，新货物入库后要进行重新调整；

（5）原来质量有问题的货物经过简单加工恢复正常，可以移到正常货物的仓库；

（6）原来因为储位紧张，将货物放在别的仓库，现在仓库有充足的储位，将货物移到合适的仓库，以方便管理；

（7）目前的仓库储量小，而别的仓库仍有充足的储位，移库不仅可以方便管理，而且可以节约照明、恒温等资源。

四、移库的操作要点

（1）库存物品在仓库库位间的任何移动均属于移库作业；

（2）移库需求单位填写移库单交由仓储主管核准后，方可执行移库指令；

（3）仓储移库员根据仓储主管核准的移库单进行实物及系统的移库动作。

五、移库作业的要求与原则

（1）一切移库作业都要具备可追溯性；

（2）移库时，要及时进行，不可延误；

（3）完成移库后，仓库组长要及时将移库单交接给系统文员；

（4）进行移库时，相邻库位应优先，并以同一区域为主；

（5）进行大批量移库作业时，调整后的库位应相对集中存放相同货物，并先找好目的库位，填好移库单，审批后再进行操作。

六、移库的流程

移库的流程包括移库请求、移库申请、移库作业准备、移库作业、移库信息登记、移库异常处理、工具归位等操作，如图5-1所示。

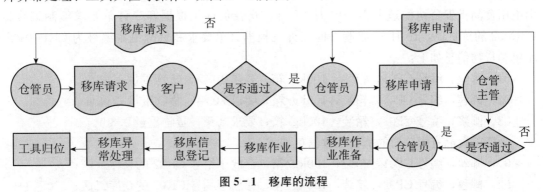

图5-1　移库的流程

七、移库作业的操作

移库作业操作由出库操作和入库操作两部分组成，即操作人员首先在甲仓库完成某批货物的出库操作，然后再在乙仓库完成该批货物的入库操作。其工作实质是先进行出库作业，再进行入库作业。

八、移库单的含义

移库单是在移库作业中记录移库作业内容以及移库货物相关信息的单证，主要目的是保证仓库中货物的库存数量准确。

九、移库单的填写说明

（1）编号：填写移库单的号码；

（2）下达日期：填写进行移库工作的下达时间；

（3）完成日期：填写执行移库工作的时间；

（4）回单人：填写交付这份移库单的人的姓名；

（5）调用资源（资源名称、负责人、数量）：分别填写在移库过程中，使用的资源名称、负责人以及资源使用的数量；

（6）原位置、目标位置：分别填写该货物在原来仓库存放的位置和货物进行移库工作后在现在的仓库存放的位置；

（7）应拣数量、实拣数量、实存数量：分别填写该货物移动的数量；

（8）原库负责人、目的库负责人、拣货负责人：分别填写该货物原来存放仓库的负责人、货物进行移库工作后现在存放仓库的负责人和拣货负责人。

🔁 任务实施

2018 年 10 月 26 日，青岛金椰王食品有限公司销售部王刚收到河北唐山玉田食品批发公司采购部李兴的订货单，要求订购一批原材料，要求于 2018 年 10 月 29 日 8 时送到唐山玉田食品批发公司配送中心。10 月 27 日，仓管员许飞根据客户订单要求编制编号为 JHD032 的拣货单，10 月 27 日晚 6 时，许飞根据订单要求和资源编制编号为 CKD001 出库单。货物信息如下：

01，椰丝，编号 CP01，箱装，100kg/箱，要求 10 箱，货物重量 1.00t；
02，椰蓉，编号 CP02，箱装，100kg/箱，要求 20 箱，货物重量 2.00t；
03，椰浆，编号 CP03，箱装，100kg/箱，要求 8 箱，货物重量 0.80t。

金椰王食品有限公司的货物堆放信息如下：

01，椰丝，编号 CP01，箱装，100kg/箱，存放于编号 CK02 的仓库一区；
02，椰蓉，编号 CP02，箱装，100kg/箱，存放于编号 CK02 的仓库二区；
03，椰浆，编号 CP03，箱装，100kg/箱，存放于编号 CK02 的仓库一区。

将所有货物集齐后转到仓库 CKL001D 的暂存一区进行存放，等待收到发货通知单 FHTZD001，于 10 月 28 日装运上车。

拣货工作由仓库 CKL001D 负责人康金负责，并负责回单。10 月 28 日由唐山玉田食品批发公司配送中心负责人李云将货物提取装车运走。

由于产品编号为 CP02 的椰蓉（200 箱）属于出库频率较低的商品，CK02 仓库的仓管员许飞（负责回单）于 2018 年 11 月 1 日接到仓储经理编号为 YKD001 的移库通知，要求在 2018 年 11 月 5 日完成移库作业。具体内容如下：使用两台叉车，操作工两名，把二区 02 储位上的货（库负责人：张晓）移到三区 01 储位上（库负责人：吴彬）。

任务：请根据上述材料，完成移库单的缮制，如表 5-4 所示。

表 5-4　移库单

编号：YKD001

下达日期		11 月 1 日		完成日期		11 月 5 日	
原库负责人		张晓	目的库负责人		吴彬	回单人	许飞
调用资源							
资源名称		负责人		数量			
叉车				两台			
操作工				两名			
货品信息							
品名	单位	原位置	目标位置	应拣数量	实拣数量	实存数量	备注
椰蓉	箱	二区 02 储位	三区 01 储位	200 箱	200 箱	200 箱	
原库负责人		张晓	目的库负责人	吴彬	拣货负责人		康金

任务解析

1. 编号、下达日期、完成日期、原库负责人、目的库负责人、回单人：直接按案例信息填写。

2. 调用资源中的"资源名称""叉车""操作工"：填写在移库作业中调用的资源的相关信息。

3. 货品信息中的"品名""单位""原位置""目标位置""应拣数量""实拣数量""实存数量"：填写在移库作业中所移动货物的相关信息。

任务评价

评价内容	评价标准	权重	分项得分
任务完成情况	1. 能够独立完成移库单的填写； 2. 填写内容准确无误； 3. 填写理由表述清晰准确； 4. 积极参与课堂讨论活动	70%	
职业素养	1. 具有良好的语言表达能力； 2. 具有自主学习意识； 3. 具有竞争意识； 4. 具有团队合作意识	30%	
总分		评价者签名：	

任务三　盘点单

创设情境

2019 年 2 月 17 日，上海天宝物流中心根据公司日清日结的规定，要求仓管员王波在下班前根据库存对上海市 BLUE 服装有限公司所有货品按库区分别编制服装 2 区、服装 3 区和服装 4 区三张盘点单，盘点均采用明盘。

知识准备

一、盘点作业

盘点作业是仓库为了准确掌握库存数量及有效地保证库存的准确性而对仓库中的货物

进行数量清点的作业，以核对在库物品的实际数量与账面数量是否一致。

（1）确认实际的在库库存——查数量；

（2）查清仓库账面损益——查质量；

（3）发现仓库储存过程中存在的问题——查环境；

（4）及时清理财务库存账和实际库存的差异——消异常。

二、盘点作业操作步骤

（1）盘点前准备；

（2）进行账面与实物盘点；

（3）核对盘点结果与账面数量，分析差异原因；

（4）盘点结果的处理；

（5）填写盘点表。

三、盘点的方法

根据企业自身产品的生产、销售、存储、售后的过程及商品自身的实际盘点需要可分为以下四种方法：

（1）定期实地盘点法：仓库按照固定日期（天、周、月、年）运用度、量等手段通过点数形式对实际库存进行盘点；

（2）定期循环盘点法：以商品先入先出或者商品价值高低为原则来确定盘点顺序，或者按商品批次、种类、入库日期进行逐一盘点；

（3）永续盘点法：根据各种有关凭证，对商品的增加和减少在账簿中逐日逐笔进行登记，并随时结算出各种账面结存数额；

（4）重点盘点法（抽盘）：根据商品的价值来决定盘点频率，或者根据商品出货频率的高低来决定盘点次数。

四、盘点前的准备工作

（1）确定盘点计划表：包括时间的确定、盘点人员的确定、盘点人员的分工、盘点人员的培训、盘点工具的准备等；

（2）仓库要确定何时停止收发货作业，并在盘点前处理完所有与库存有关的单据；

（3）提前整理好仓库，同一型号、同一库位进行集中存放，堆垛方式和数量保证一致；

（4）提前通知公司与仓库有业务联系的部门及供应商，仓库在进行盘点作业时不可进行仓储作业。

五、盘点作业中的注意事项

（1）在盘点数据的同时也要注意货物的摆放是否符合标准，存储环境是否达标等；

（2）盘点时对于同一库位的同一型号的货物要及时整理整顿，谨防漏盘和重盘；

（3）盘点时要及时记录产生数据差异的原因，并核对差异是否确实存在；

（4）盘点结束后要核对盘点数据与实际库存是否一致并在相关数据表上签字；

（5）盘点数据要在第一时间录入并及时组织复盘；

（6）复盘人员只负责复盘有差异的型号，确认后签字。

盘点结束后，相关负责人要及时填写盘点单。对于盘点出来的差异，公司仓储部和财务部要及时沟通，追查差异产生的原因并消除差异，在以后的仓储作业过程中要不断改善，一般制造型企业的盘点准确率不应低于 99.95%；流通性企业的盘点准确率不应低于 99.98%；高科技企业的盘点准确率不应低于 99.99%。

六、商品盘点异常处理

（1）发生盘盈、盘亏情况后，首先由账务管理人员协助仓管员查出原因，有单据未入或单据未销的必须事前注明，否则将追究相关责任人的责任；

（2）确定属于仓库丢失原因所致的盘点异常，能够分清直接责任人的，由相关责任人赔偿，不能分清责任人的，需办理核销报批手续；

（3）属于意外事故、天灾人祸等客观原因造成的盘点异常，应向保险公司索赔；

（4）对其他原因如管理不善、制度执行不到位所造成的物品丢失和损坏，应由相关责任人负责赔偿，并追究仓储部管理人的管理责任；

（5）相关部门必须对差异处理情况进行追踪和落实，并定期将盘点异常处理反馈表报财务部备案。

七、盘点单的含义

盘点单又称盘点卡，是定期或不定期地对仓库各个库位进行清点，并记录账面数量与实际清点数量差异的单据，它是在盘点作业中用于记录盘点作业工作内容以及盘点结果的单证。

八、盘点单填写说明

（1）编号：填写盘点单的号码；

（2）下达日期：填写进行盘点工作的下达时间；

（3）执行日期：填写执行盘点工作的时间；

（4）目标仓库：填写要进行盘点工作的仓库的名称；

（5）负责人：填写目标仓库的负责人的姓名；

（6）回单人：填写交付盘点单的人的姓名；

（7）调用资源（资源名称、负责人、备注）：分别填写在盘点过程中使用的资源名称、负责人，以及备注信息；

（8）账面数量、实际数量：分别填写在盘点过程中货物的账面数量、实际数量；

（9）缺失数量：填写在盘点过程中货物的账面数量与实际数量是否相等，相等填写"0 箱"，不相等则填写"亏/盈（ ）箱"；

（10）损坏数量：填写在盘点过程中货物的损坏数量，若没有损坏，则填写"0 箱"；

（11）库负责人：填写目标仓库的负责人的姓名；

（12）复核人：填写对整个盘点过程进行复合的人的姓名。

任务实施

根据公司日清日结的规定，2019 年 2 月 17 日下班前，仓管员王波根据库存对上海市 BLUE 服装有限公司所有货品按库区分别编制了服装 2 区（盘点单号：ST0004005）、服装 3 区（盘点单号：ST0003002）和服装 4 区（盘点单号：ST0003003）3 张盘点单，盘点均采用明盘。其中服装 2 区的库存情况如表 5－5 所示。

表 5－5　货品库存情况

库区	储位	货品编号	货品名称	规格	单位	质量状态	库存数量	批次	入库日期
服装 2 区	C01021	CMS26－991T	BLUE 男士休闲 T 恤	10 件/箱	箱	正常	45	201802	2018－02－01
服装 2 区	C01022	CMS26－991T	BLUE 男士休闲 T 恤	10 件/箱	箱	正常	45	201802	2018－02－05
服装 2 区	C01023	CMS10－021Q	BLUE 男士 POLO 衫	10 件/箱	箱	正常	40	201803	2018－03－02
服装 2 区	C01024	CMS10－021Q	BLUE 男士 POLO 衫	10 件/箱	箱	正常	40	201801	2018－01－04

服装 2 区的盘点单交给理货组的理货员陈晓晓进行盘点。理货员陈晓晓经过盘点发现全部库存准确，并将实际盘点结果在盘点单上进行了记录。

任务：请根据以上案例，以仓管员王波的身份编制服装 2 区（盘点单号：ST0004005）的盘点单，如表 5－6 所示。

表 5－6　盘点单

编号：

下达日期			执行日期			
目标仓库		负责人			回单人	
调用资源						
货源名称	负责人			备注		

续前表

货品信息								
区	储位	货品	型号	账面数量	实际数量	缺失数量	损坏数量	备注

库负责人：　　　　　　　　　　　　复核人：

📌 任务解析

1. 通常情况下，题目中会要求针对某一个库区填写盘点单，而不会要求对全部库存填写盘点单，所以看清题目要求针对哪一个库区进行盘点非常重要。

2. 该题中"按照公司日清日结的规定"的盘点法，属于定期实地盘点法。

3. 如果盘点没有发现任何问题，则账面数量等于实际数量；如果盘点后发现实际数量少于账面数量，则要填写缺失数量（填写"亏多少箱"）；如果是实际数量多于账面数量，则也要填写多出的数量（填写"盈多少箱"）；如果盘点中发现有货物因损坏而不能正常销售，则要填写损失数量。

📌 任务评价

评价内容	评价标准	权重	分项得分
任务完成情况	1. 能够独立完成盘点单的填写； 2. 填写内容准确无误； 3. 填写理由表述清晰准确； 4. 积极参与课堂讨论活动	70%	
职业素养	1. 具有良好的语言表达能力； 2. 具有自主学习意识； 3. 具有竞争意识； 4. 具有团队合作意识	30%	
总分		评价者签名：	

第二部分

运输业务

【适用的岗位群】物流专业主要面向的运输岗位有：物流总监、项目部门经理、运输主管、物流操作员、物流业务员、调度员、单证员、积载配货员、接送货员、信息处理员。

项目六 运输作业基础知识

📧 **项目描述**

各种交通运输方式的比较。

◎ **学习目标**

通过本项目的学习，学会鉴别不同类型的运输方式，能选择正确的运输商。

💬 **学习任务**

能够根据不同的运输业务选择合适的运输方式。

任务 基础知识

➡ **创设情境**

随着物流业的快速发展，运输作业成为重要的物流环节，通过本任务的学习，理解并掌握五种常见的运输方式。

➡ **知识准备**

一、运输的含义

物流的运输专指"物"的载运及输送。广义的运输是指在不同地域间（如两个城市、两个工厂之间，或一个企业内相距较远的两地之间），以改变"物"的空间位置为目的的活动，是对"物"进行的空间位移。狭义的运输是指用设备和工具，将物品从一个地点向另一地点运送的物流活动，包括集货、分配、搬运、中转、装入、卸下、分散等一系列操作。

关于运输和配送的区分：所有物品的移动都是运输，而配送则专指短距离、小批量的运输。因此可以说，运输针对的是整体，配送针对的则是其中的一部分，而且配送的侧重点在于"配"字，它的主要意义也体现在"配"字上；而"送"是为最终实现资源配置的"配"而服务的。

我国交通运输发展目标：到 2020 年，基本建成便捷高效、安全绿色的交通运输物流服务体系，传统交通运输业转型升级取得明显突破，物流效率和服务水平显著提升，实现交通运输与现代物流的融合发展，基本适应我国经济社会发展的需求。

二、运输与物流的关系

（一）运输是物流的主要功能要素

按物流的概念，物流是"物"的物理性运动，这种运动不但改变了物的时间状态，也改变了物的空间状态。运输则承担了改变空间状态的主要任务，即运输是改变空间状态的主要手段，运输再配以搬运、配送等活动，就能圆满完成改变空间状态的全部任务。

（二）运输是社会物质生产的必要条件

运输是国民经济的基础。马克思将运输称为"第四个物质生产部门"，这是将运输看作生产过程的继续，这个继续虽然以生产过程为前提，但如果没有这个继续，生产过程则不能完成。

（三）运输可以创造场所效用

同种"物"由于空间场所不同，其使用价值的实现程度则不同，其效益的实现也不同。由于"物"的场所的改变而最大限度地发挥了"物"的使用价值，最大限度地提高了投入产出比，这就是"场所效用"。通过运输，将"物"运到场所效用最高的地方，就能发挥"物"的潜力，实现资源的优化配置。从这个意义上来讲，运输提高了物的使用价值。

（四）运输是"第三利润源"的主要源泉

日本早稻田大学教授、权威物流成本研究学者西泽修先生曾提出过"第三利润源"说。他在《物流——降低成本的关键》中提到，企业的利润源泉随着时代的发展和企业经营重点的转移而变化。20 世纪 50 年代，日本受到美国的经济援助和技术支持，很快实现了企业机械化、自动化生产。当时日本正处于工业化大生产时期，企业的经营重点放在了降低制造成本上，这便是日本在第二次世界大战后企业经营的第一利润源。然而，依靠自动化生产手段制造出来的大量产品，引起了市场泛滥，产生了对销售的需求。于是，1955年从美国引进了市场营销技术，从此日本迎来了市场营销时代。这一时期，企业顺应日本政府经济高速增长政策，把增加销售额作为企业的经营重点。这便是日本在第二次世界大战后企业经营的第二个利润源。1965 年起，日本政府开始重视物流；1970 年开始，产业界大举向物流进军，日本又进入了物流发展时代。这一时期，降低制造成本已经有限，增加销售额也已经走到尽头，企业希望寻求新的利润源，"第三利润源"的提法符合当时企业经营的需要，因而该观点一提出，就备受关注，广为流传。

三、各种交通运输方式的特点

（一）铁路运输

铁路运输运量大、速度快、运费低、受自然条件影响小、连续性好，但修筑铁路造价高、消费金属材料多、占地面积大，短途运输成本高，灵活性差。

（二）公路运输

公路运输发展快、应用广、地位日趋重要，机动灵活，周转速度快，装卸方便，对各种自然条件适应性强，但运量小、耗能多、成本高，运费也较贵。

（三）水路运输

水路运输运量大、投资少、成本低，但速度慢、灵活性和连续性差，受航道水文状况和气象等自然条件影响大。

（四）航空运输

航空运输速度快、运输效率高，是最快捷的现代运输方式。但运量小，能耗大，运费高，且设备投资大，技术要求严格。

（五）管道运输

管道运输运量大、损耗小、安全性能高、连续性强、管理方便，但需铺设专门管道，设备投资大，灵活性差。

任务实施

任务：比较各种交通运输方式。

运输方式	速度	运量	运价	适合货物的特点	优点	缺点
铁路运输（火车）						
公路运输（汽车）						
水路运输（轮船）						
航空运输（飞机）						
管道运输（管道）						

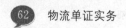 **任务评价**

评价内容	评价标准	权重	分项得分
任务完成情况	能够准确掌握不同运输方式的特点	80％	
职业素养	完成任务的态度，与所学知识的结合效果	20％	
总分		评价者签名：	

项目七　公路运输

项目描述

各种公路运输方式的比较。

学习目标

通过本项目的学习，学会鉴别不同类型的公路运输方式，能正确缮制公路运输单据。

学习任务

能够根据不同的运输业务选择合适的运输方式，缮制公路运输单据。

任务一　公路货物运单

创设情境

本任务以缮制单据的案例展开，以某物流中心货运员的身份填制公路货物运单。

知识准备

一、公路运输

公路运输是在公路上运送旅客和货物的运输方式，是交通运输系统的重要组成部分，主要承担短途客货运输。现代公路运输的工具主要是汽车。因此，公路运输一般指汽车运输。在道路崎岖、人烟稀少、铁路和水运不发达的边远和经济落后地区，公路运输为主要运输方式，起着运输干线的作用。

二、公路货物运单的含义

公路货物运单是公路货物运输及运输代理的合同凭证，是运输经营者接受货物并在运输期间负责保管和据以交付的凭据，也是记录车辆运行和行业统计的原始凭证。

三、公路货物运单的分类

公路货物运单分为甲、乙、丙三种。甲种运单适用于普通货物、大件货物、危险货物等的运输和运输代理业务；乙种运单适用于集装箱汽车运输；丙种运单适用于零担货物运输。

承、托运人要按照公路货物运单上的内容逐项如实填写，不得简化、涂改。承运人或运输代理人接收货物后应签发公路货物运单，公路货物运单经承、托双方签字盖章后生效。

甲、乙种公路货物运单，第一联为存根，作为领购新运单和行业统计的凭据；第二联为托运人存查联，交托运人存查并作为运输合同由当事人一方保存；第三联为承运人存查联，交承运人存查并作为运输合同由当事人另一方保存；第四联为随货同行联，作为载货通行和核算运杂费的凭证，货物运达经收货人签收后，作为交付货物的依据。

丙种道路货物运单，第一联为存根，作为领购新运单和行业统计的凭证；第二联为托运人存查联，交托运人存查并作为运输合同由当事人一方保存；第三联为提货联，由托运人邮寄给收货人，凭此联提货，也可由托运人委托运输代理人通知收货人或直接送货上门，收货人在提货联收货人签章处签字盖章，收、提货后由到达站收回；第四联为运输代理人存查联，交运输代理人存查并作为运输合同由当事人另一方保存；第五联为随货同行联，作为载货通行和核算运杂费的凭证，货物运达经货运站签收后，作为交付货物的依据。丙种道路货物运单与汽车零担货物交接清单配套使用。承运人接收零担货物后，按零担货物到站次序，分别向运输代理人签发公路货物运单（丙种）。已签订年、季、月度或批量运输合同的，必须在运单"托运人签章或运输合同编号"栏注明合同编号，托运人委托发货人签章。批次运输任务完成或运输合同履行后，凭运单核算运杂费，或将随货同行联（第五联）汇总后转填到合同中，由托运人审核签字后核算运杂费。公路货物运输和运输代理经营者凭运单开具运杂费收据。运输危险货物必须使用在运单左上角套印"道路危险货物运输专用章"的公路货物运单（甲种），方准运行。

国际公路货物运输合同公约（CMR）运单一式三联。发货人和承运人分别持运单的第一联和第三联，第二联随货物走。CMR运单不是议付或可转让的单据，也不是所有权凭证。CMR运单必须记载下列事项：运单签发日期和地点，发货人、承运人、收货人的名称和地址，货物交接地点、日期，一般常用货物品名和包装方法，货物重量、运费，海关报关须知等。

四、公路货物运单的填制说明

（1）运单号码：填写托运单号；

（2）托运人姓名、电话、单位、托运人详细地址、邮编：分别填写托运人的姓名、电话、单位名称、地址、邮编；

（3）托运人账号：结算方式为月结的，必须填写有效的托运人账号；其他情况（如现结）的，该栏目为空；

（4）取货地联系人姓名、电话、单位、取货地详细地址、邮编：分别填写取货地联系人的姓名、电话、取货地的单位名称、取货地的地址、取货地的邮编；

（5）收货人姓名、电话、单位、收货人详细地址、邮编：分别填写收货人的姓名、电话、单位名称、地址、邮编；

（6）收货人账号：该栏目为空；

（7）送货地联系人姓名、电话、单位、送货地详细地址、邮编：分别填写送货地联系人的姓名、电话、送货地的单位名称、送货地的地址、送货地的邮编；

（8）始发站、目的站：填写城市名称，如：广州；

（9）运距、全行程：填写始发站到目的站的公路里程；

（10）路由：填写货物的行走路线，请按以下格式填写：

不需中转（不更换运输工具）的运单	始发站—目的站，如：北京—广州
需中转（更换运输工具）的运单	始发站—中转站—目的站，如：北京—武汉—广州

（11）起运日期：需要取货的运单填写取货时间，否则填写托运人自行送站的时间；

（12）取货人签字、签字时间：实际取货的工作人员签字和签字时间；

（13）计费重量、体积：填写货物的实际总重量、实际总体积；

（14）取/送货费：填写取货费用和送货费用的合计，无取/送货费的，该栏目为空；

（15）杂费：精确到元，无杂费的，该栏目为空；

（16）费用小计：填写运费、取/送货费、杂费的合计；

（17）运费合计：填写费用小计，如果保险费低于0.1元，用"零"补齐；

（18）结算方式：结算方式为月结的，必须填写有效的托运人付费账号；其他情况（如：现结）的，该栏目为空；

（19）制单人：填写初次填写单据的工作人员；

（20）受理日期：需要取货的运单填写取货时间，否则填写制单时间；

（21）受理单位：填写制单人所在工作单位的名称。

具体如表7-1所示。

表 7 - 1 公路货物运单

运单号码：

托运人姓名		电话		收货人姓名		电话	
单位				单位			
托运人详细地址				收货人详细地址			
托运人账号		邮编		收货人账号		邮编	
取货地联系人姓名		单位		送货地联系人姓名		单位	
电话		邮编		电话		邮编	
取货地详细地址				送货地详细地址			
始发站		目的站		起运日期		要求到货日期	
运距	km	全行程	km	是否取送		是否要求回执	
路由				□取货 □送货		□否□运单□客户单据	

货物名称	包装方式	件数	计费重量（kg）	体积（m³）	取货人签字	
					签字时间	
					托运人或代理人签字或盖章	
					实际发货件数	件
					签字时间	
					收货人或代理人签字或盖章	
合计					实际发货件数	件

收费项	运费	取/送货费	杂费	费用小计	签字时间	
费用金额					送货人签字	
客户投保声明	□不投保		□投保		签字时间	
	投保金额 元		保险费 元		备注：	

运费合计（大写）	万	千	佰	拾	元	角	

结算方式 □现结 □月结 □预付款 元 □到付	
制单人	受理日期	受理单位

📥 任务实施

托运信息：

托运单号：YD4610000005201。

客户编号：S0000721。

托运人：上海顺达贸易发展公司；联系人：李丽；联系电话：021 - 52261003；地址：上海市长宁区安龙路 106 号；邮编：200336。

取货地联系人：上海惠京有限公司；联系人：祁霞；联系电话：021 - 52261543；地址：上海市长宁区安龙路 12 号；邮编：200336。

货物详情：VIDD 牌切纸机 VI-400；数量：80 件；总重量：1 560kg；总体积：12m³；包装方式：木箱。

收货人：南京 A 公司销售中心；联系人：王梓棋；联系电话：025－64351003；地址：南京市梁溪区解放南路 520 号；邮编：214000。

托运要求：

1. 要求上门取货和送货，送货地联系信息与收货人联系信息相同；

2. 要求 2018 年 12 月 23 日 17 时之前送到南京梁溪区解放南路 520 号；

3. 以客户签字的运单作为回执；

4. 不投保；

5. 取货和送货费用为 300 元，杂费 200 元；

6. 该产品投保金额为 10 万元，保费率为 1%；

7. 每件运费 100 元；

8. 结算方式为现结。

上海华斯物流中心客服将托运订单信息传递给调度贺信，贺信根据托运单信息进行调度安排，安排货运员李军携取货通知单和空白的公路货物运单执行取货作业。12 月 21 日 11 时，蒋玉至取货地点取货，于 12 时现场受理并填制运单号为 YD4610000005201 的公路货物运单，并于 13 时起运。上海至南京运输里程为 305km。

2018 年 12 月 24 日，上海华斯物流中心顺利完成这批货物的运输。

任务：请根据以上材料，以上海华斯物流中心货运员李军的身份填制运单号为 YD4610000005201 的公路货物运单，如表 7-2 所示。

表 7-2 公路货物运单

运单号码：

托运人姓名		电话		收货人姓名		电话	
单位				单位			
托运人详细地址				收货人详细地址			
托运人账号		邮编		收货人账号		邮编	
取货地联系人姓名		单位		送货地联系人姓名		单位	
电话		邮编		电话		邮编	
取货地详细地址				送货地详细地址			
始发站			目的站		起运日期		要求到货日期
运距		千米	全行程		千米	是否取送	是否要求回执
路由				□取货 □送货		□否□运单□客户单据	
货物名称	包装方式	件数	计费重量（kg）	体积（m³）	取货人签字		
					签字时间		
					托运人或代理人签字或盖章		
					实际发货件数		件
					签字时间		
					收货人或代理人签字或盖章		
合计					实际发货件数		件

续前表

收费项	运费	取/送货费	杂费	费用小计	签字时间	
费用金额					送货人签字	
客户投保声明	□不投保		□投保		签字时间	
	投保金额	元	保险费	元	备注：	
运费合计（大写）	万	仟	佰	拾	元	角
结算方式 □现结　□月结 □预付款　　元　□到付						
制单人		受理日期			受理单位	

📎 任务评价

评价内容	评价标准	权重	分项得分
任务完成情况	单证的准确率与规范性	80%	
职业素养	完成任务的态度，与所学知识的结合效果	20%	
总分		评价者签名：	

任务二　运输计划

📎 创设情境

本任务以缮制单据的案例展开，以某物流中心调度员的身份填制运输计划。

📎 知识准备

一、运输计划的含义

运输计划是指由托运人提出托运计划，经承运人认可，按照计划、合同或协议进行的有关货物运输事宜的安排，是托运人与承运人之间关于货物运输的合同。

二、运输计划的分类

(1) 根据编制期限可分为长远计划、年度计划和月度计划；

(2) 按装载方式可分为整车运输、零担运输和集装箱运输；

(3) 按货运日常工作组织要求可分为月度计划、日计划；

(4) 按运输方式可分为铁路运输计划、公路运输计划、海运和内河航运计划、民用航空运输计划；

(5) 按所运送的对象可分为旅客运输计划和货物运输计划。

三、运输计划填制说明

(1) 发运时间：填写车辆在始发站的发运时间；

(2) 计费里程、全行程：填写始发站到目的站的公路里程；

(3) 备用金：预留字段，填写 0；

(4) 预计装载量：填写该车辆所运货物的总重量；

(5) 到达时间（始发站、经停站、目的站）：分别填写车辆在经停站、目的站的预计到达时间，始发站的到达时间不用填；

(6) 发车时间（始发站、经停站、目的站）：分别填写车辆在始发站、经停站的预计发车时间，目的站的发车时间不用填；

(7) 经停站托运订单信息：填写车辆所载货物相关信息，目的站为本车辆经停站的托运订单信息，其中发货人填写托运人单位全名，重量、体积为某条托运订单信息中的总重量和总体积，收货人填写收货人单位全名，收货时间为要求到货时间；

(8) 目的站托运订单信息：填写车辆所载货物相关信息，目的站为本车辆目的站的托运订单信息，其中发货人填写托运人单位全名，重量、体积为某条托运订单信息中的总重量和总体积，收货人填写收货人单位全名，收货时间为要求到货时间；

(9) 备注：表中未提到的信息，该空可不填。

具体如表 7-3 所示。

表 7-3　运输计划

发运时间：　　年　　月　　日　　　　　　　　　　　　　　　　　编号：

车牌号		核载（t）		车容（m³）		—	始发站	经停站	目的站
计费里程 （km）		司机		联系方式		到达时间			
全行程 （km）		备用金 （元）		预计装载量		发车时间			
经停站									
发货人	发货地址	货物名称	包装	数量 （件）	重量 （kg）	体积 （m³）	收货人	收货地址	收货时间	备注
目的站										
发货人	发货地址	货物名称	包装	数量 （件）	重量 （kg）	体积 （m³）	收货人	收货地址	收货时间	备注

➡ 任务实施

2018 年 11 月 9 日 10 时，路通物流有限公司（以下简称路通）北京站客服刘华收到一份带有客户签章的发运计划，具体内容如表 7-4 所示。

表 7-4　发运计划

托运单号	YD4610000004911	托运人编号：PHKH1301
托运人	北京嘉顺地毯有限公司［联系人：李丽（经理）；联系电话：010-64351003；地址：北京市丰台区丰台北路 1 号；邮编：100000］	
包装方式：	纸箱	
货物详情	货物名称：地毯；数量：40 件；总重量：2 100kg；总体积：11m³	
收货人	北京嘉顺地毯沈阳办事处（联系人：钱春；联系电话：024-32315618；地址：沈阳市和平区文艺路 23 号；邮编：110000）	
托运要求	(1) 要求上门取货和送货，取货地联系信息与托运人联系信息相同，送货地联系信息与收货人联系信息相同； (2) 要求 2018 年 11 月 14 日 17 时之前送到目的地； (3) 以客户签字的运单作为回执	
结算	(1) 结算方式：现结； (2) 此批货物为轻泡货，运费计算公式为：立方米公里运价×运距×总体积； (3) 不收取取货和送货费用，无其他杂费	
投保	货物需要投保，投保金额为 100 000 元，保险费率为货值的 1%，保险公司为中华保险公司，路通北京站钱福明负责此项目	

10 时 15 分，刘华还收到另一份客户的发运计划，具体内容如表 7-5 所示。

表 7-5　发运计划

托运单号	YD4610000004912	托运人编号：PHKH1302
托运人	北京恒昌商贸有限公司（联系人：蔡司；联系电话：010-56358901；地址：北京市通州区通马路 39 号；邮编：101100）	
包装方式：	纸箱	
货物详情	货物名称：保暖内衣；数量：250 件；总重量：3 700kg；总体积：18m³	
收货人	北京恒昌商贸有限公司哈尔滨办事处（联系人：君玉；联系电话：0451-84356561；地址：哈尔滨市松北区世贸大道 17 号；邮编：150000）	
托运要求	(1) 要求上门取货和送货，取货地联系信息与托运人联系信息相同，送货地联系信息与收货人联系信息相同； (2) 要求 2018 年 11 月 13 日 17 时之前送到目的地； (3) 以客户签字的运单作为回执	
结算	(1) 结算方式：月结； (2) 此批货物为轻泡货，运费计算公式为：立方米公里运价×运距×总体积； (3) 取货和送货费用为 200 元，无其他杂费	
投保	此批货物不投保	

客服刘华在审核完这两个客户的业务申请后，将订单提交给调度程润进行操作。

11 时，调度程润根据车辆、作业等情况，编制计划单号为 YSJH4900033 的运输计划，该运输计划包含托运单号为 YD4610000004911、YD4610000004912 两张托运单内的全部货物。

同时，调度程润根据作业路线等情况编制了这两批货物的取货通知单，单号为 QHTZ4900021，要求货运员 11 月 9 日 12 时从公司出发，18 时前返回，按托运单号顺序取货（1. YD4610000004911，2. YD4610000004912），并安排货运员蒋玉执行该取货作业。

13 时，货运员蒋玉到取货地收取托运单号为 YD4610000004911 的货物，点验所托运货物，查无包装及数量等异常后，填制托运单号为 YD4610000004911 的公路货物运单，请托运人核对运单信息，并在运单"托运人签字"一栏中签字确认。

15 时 30 分，货运员蒋玉到取货地收取托运单号为 YD4610000004912 的货物，点验所托运货物，查无包装及数量等异常后，填制托运单号为 YD4610000004912 的公路货物运单，请托运人核对运单信息，并在运单"托运人签字"一栏中签字确认。

17 时，货运员蒋玉回到公司，并告知调度程润完成集货作业，无异常情况。

货物于 2018 年 11 月 10 日 7 时在北京站装车，装卸员林南宇负责装车作业。

预计于 2018 年 11 月 10 日 9 时发车出北京站，2018 年 11 月 10 日 23 时到达沈阳站。货物到达沈阳后，托运单号为 YD4610000004911 的货物顺利完成卸车，然后不更换运输车辆，预计于 2018 年 11 月 11 日 6 时从沈阳站出发，2018 年 11 月 11 日 16 时到达哈尔滨站。

其他：

（1）从北京到沈阳的轻泡货物的运价为 0.6 元/m³·km，重货运价为 0.75 元/t·km；北京到哈尔滨的轻泡货物的运价为 0.7 元/m³·km，重货运价为 0.95 元/t·km。

（2）公司现有运力资源如表 7-6 所示。

表 7-6 运力资源

姓名	车牌号	联系方式	货厢体积（m³）（长×宽×高）	车容（m³）	核载（t）	货厢类型	运作线路
刘大成	京 G93939	13000099999	4.2×1.8×1.9	12	3	全厢	市内取货
蒋玉	京 G87474	13989998888	7.2×2.3×2.5	35	10	全厢	市内取货
王文贵	京 A90591	13288801762	4.2×1.8×1.9	12	3	全厢	北京—哈尔滨
王广云	京 A61021	13539974852	5.2×2.15×2.3	22	6.5	全厢	北京—哈尔滨
段其成	京 G60761	13760728218	7.2×2.3×2.5	35	10	全厢	北京—哈尔滨

（3）北京至哈尔滨行驶路线：北京—沈阳—哈尔滨。

（4）全国（部分）主要城市间公路里程如表 7-7 所示。

表 7-7 全国（部分）主要城市间公路里程

北京	北京				
天津	118	天津			
锦州	483	470	锦州		
沈阳	717	704	234	沈阳	
长春	1 032	1019	549	315	长春
哈尔滨	1 392	1 726	909	675	360	哈尔滨

任务：根据公司现有的运力资源，调度程润选择段其成驾驶车牌号为京 G60761 的车辆执行该运输任务，请以调度程润的身份填制编号为 YSJH4900033 的运输计划，如表7－8所示。

表7－8　运输计划

发运时间：　　年　　月　　日 　　　　　　　　　　　　　　　　　　　　　编号：

车牌号		核载（t）		车容（m³）		—		始发站	经停站	目的站
计费里程（km）		司机		联系方式		到达时间				
全行程（km）		备用金（元）		预计装载量		发车时间				
经停站										
发货人	发货地址	货物名称	包装	数量（件）	重量（kg）	体积（m³）	收货人	收货地址	收货时间	备注
目的站										
发货人	发货地址	货物名称	包装	数量（件）	重量（kg）	体积（m³）	收货人	收货地址	收货时间	备注

➡ 任务评价

评价内容	评价标准	权重	分项得分
任务完成情况	单证的准确率与规范性	80％	
职业素养	完成任务的态度，与所学知识的结合效果	20％	
总分		评价者签名：	

任务三　取货通知单

➡ 创设情境

本任务以缮制单据的案例展开，以某物流中心调度员的身份填制取货通知单。

知识准备

一、取货通知单的含义

取货通知单是运输公司向收货人或通知人（一般是收货人的货运代理人）发出的货物预计到达时间的通知。它是运输公司根据其掌握的车辆动态和代理人寄来的货运单证、相关资料编制而成的。

二、取货通知单的填制说明

(1) 单号：填写取货通知单号；

(2) 车辆、车型、货运员：根据实际运力资源情况填写；

(3) 预计操作时间：填写调度要求的作业时间；

(4) 总数量、总重量、总体积：分别填写所有托运单所托运货物的总件数之和、总重量之和、总体积之和；

(5) 客户信息栏中的运单号：按调度员要求的取货顺序依次填写所承运货物的运单号码；

(6) (托运人) 地址、电话、姓名：分别填写与托运单号对应的托运人的地址、电话、姓名；

(7) 运单号、货品名称、数量、重量、体积：分别填写对应托运单号所承运货物的名称、数量、重量、体积；

(8) 填表人：填写初次填写该表的工作人员姓名；

(9) 填表时间：填写填制该表的时间。

具体如表 7-9 所示。

表 7-9　取货通知单

单号				操作站					
资源	车辆		辆	车型					
	货运员		人	预计操作时间					小时
总数量		件	总重量			kg	总体积		m³
客户信息									
运单号	顺序号	地址		电话	姓名	派单类型	是否返单	是否收款	
货品信息									
运单号	货品名称		数量（件）	重量（kg）	体积(m³)	备注			
填表人：					填表时间：				

任务实施

2018 年 9 月 15 日 9 时，翔宇物流有限公司（以下简称翔宇）北京站客服肖华收到一份带有客户签章的发运计划，具体内容如表 7-10 所示。

表 7-10 发运计划

托运单号	YD4610000005901	托运人编号：PHKH1356
托运人	北京盛世体育用品有限公司［联系人：王甜（经理）；联系电话：010-64587199；地址：北京市昌平区昌平东路 1 号；邮编：102200］	
包装方式	纸箱	
货物详情	货物名称：运动服；数量：1 000 件；总重量：1 050kg；总体积：6m³	
收货人	北京盛世体育用品沈阳办事处（联系人：王博；联系电话：024-32132259；地址：沈阳市东陵区长顺路 58 号；邮编：110000）	
托运要求	（1）要求上门取货和送货，取货地联系信息与托运人联系信息相同，送货地联系信息与收货人联系信息相同； （2）要求 2018 年 9 月 19 日 17 时之前送到目的地； （3）以客户签字的运单作为回执	
结算	（1）结算方式：现结； （2）此批货物为轻泡货，运费计算公式为：立方米公里运价×运距×总体积； （3）不收取取货和送货费用，无其他杂费	
投保	货物需要投保，投保金额为 100 000 元，保险费率为货值的 1‰，保险公司为中华保险公司，翔宇北京站王明负责此项目	

10 时 30 分，肖华还收到另一份客户的发运计划，具体内容如表 7-11 所示。

表 7-11 发运计划

托运单号	YD4610000005902	托运人编号：PHKH1357
托运人	北京思瑞有限公司（联系人：张宇；联系电话：010-59621100；地址：北京市朝阳区朝阳北路 17 号；邮编：100024）	
包装方式	纸箱	
货物详情	货物名称：针织衫；数量：1 750 件；总重量：1 850kg；总体积：9m³	
收货人	北京思瑞有限公司哈尔滨办事处（联系人：李玉；联系电话：0451-84356566；地址：哈尔滨市松北区世贸大道 58 号；邮编：150000）	
托运要求	（1）要求上门取货和送货，取货地联系信息与托运人联系信息相同，送货地联系信息与收货人联系信息相同； （2）要求 2018 年 9 月 18 日 17 时之前送到目的地； （3）以客户签字的运单作为回执	
结算	（1）结算方式：月结； （2）此批货物为轻泡货，运费计算公式为：立方米公里运价×运距×总体积； （3）取货和送货费用合计为 200 元，无其他杂费； （4）托运人付费账号：622200001117846	
投保	此批货物不投保	

10 时 45 分，客服肖华接到客户发来的运单号为 YD4610000005901 的更改货品数量信息的发货计划。客户减少 100 件货品，实际数量：900 件；总重量：1 000kg；总体积：5m³，其他信息不变。

客服肖华在最终审核、修改完这两个客户的业务申请后，将订单提交给调度田大国进行操作。

11 时，调度田大国根据车辆、作业等情况，编制计划单号为 YSJH5790001 的运输计划，该运输计划包含托运单号为 YD4610000005901 和 YD4610000005902 两张托运单内的货物。

同时，调度田大国根据作业路线等情况编制了这两批货物的取货通知单，取货通知单号为 QHTZ4560033，要求货运员当日 12 时从公司出发，18 时前返回，按托运单号顺序取货（1. YD4610000005901，2. YD4610000005902），并安排货运员程已执行该取货作业。

13 时，货运员程已到取货地收取托运单号为 YD4610000005901 的货物，点验所托运货物，查无包装及数量等异常后，填制托运单号为 YD4610000005901 的公路货物运单，请托运人核对运单信息，并在运单"托运人签字"一栏中签字确认。

15 时，货运员程已到取货地收取托运单号为 YD4610000005902 的货物，点验所托运货物，发现缺少 50 件，经与客户沟通后，按实际数量托运。实际数量：1 700 件；总重量：1 800kg；总体积：9m³，其他信息不变。查无其他异常后，填制托运单号为 YD4610000005902 的公路货物运单，请托运人核对运单信息，并在运单"托运人签字"一栏中签字确认。

17 时，货运员程已回到公司，并告知调度田大国完成集货作业，无异常情况。

货物于 2018 年 9 月 16 日 7 时在北京站装车，装卸员张旭负责装车作业。

预计于 2018 年 9 月 16 日 9 时发车出北京站，2018 年 9 月 16 日 23 时到达沈阳站。货物到达沈阳后，托运单号为 YD4610000005901 的货物顺利完成卸车，然后不更换运输车辆，预计于 2018 年 9 月 17 日 6 时从沈阳站出发，2018 年 9 月 17 日 16 时托运单号为 YD4610000005902 的货物到达哈尔滨站。

其他：

（1）从北京到沈阳的轻泡货物的运价为 0.6 元/m³·km，重货运价为 0.75 元/t·km；北京到哈尔滨的轻泡货物的运价为 0.7 元/m³·km，重货运价为 0.95 元/t·km。

（2）公司现有运力资源如表 7-12 所示。

表 7-12 运力资源

姓名	车牌号	联系方式	货厢尺寸（m）（长、宽、高）	车容（立方米）	核载（t）	货厢类型	运作线路
刘军	京 G93930	13023499999	4.2×1.8×1.9	12	3	全厢	市内取货
程已	京 G87472	13912348888	7.2×2.3×2.5	35	10	全厢	市内取货
王云	京 A90593	13234671762	4.2×1.8×1.9	12	3	全厢	北京—哈尔滨
王文申	京 A61024	13539977825	5.2×2.15×2.3	22	6.5	全厢	北京—哈尔滨
张太成	京 G60767	13761367218	7.2×2.3×2.5	35	10	全厢	北京—哈尔滨

（3）北京至哈尔滨行驶路线：北京—沈阳—哈尔滨。

（4）全国（部分）主要城市间公路里程如表 7-13 所示。

表 7-13　全国（部分）主要城市间公路里程

北京	北京				
天津	118	天津			
锦州	483	470	锦州		
沈阳	717	704	234	沈阳	
长春	1 032	1 019	549	315	长春
哈尔滨	1 392	1 726	909	675	360	哈尔滨

任务：根据公司现有的运力资源，调度田大国选择张太成驾驶车牌号为京 G60767 的车辆执行该运输任务，请以调度田大国的身份填制编号为 QHTZ4560033 的取货通知单，如表 7-14 所示。

表 7-14　取货通知单

单号			操作站			
资源	车辆	辆	车型			
	货运员	人	预计操作时间		小时	
总数量	件	总重量	kg	总体积	m³	

客户信息

运单号	顺序号	地址	电话	姓名	派单类型	是否返单	是否收款

货品信息

运单号	货品名称	数量（件）	重量（kg）	体积(m³)	备注

填表人：　　　　　　　　　　　　填表时间：

任务评价

评价内容	评价标准	权重	分项得分
任务完成情况	单证的准确率与规范性	80%	
职业素养	完成任务的态度，与所学知识的结合效果	20%	
总分		评价者签名：	

任务四　货物清单

➡ 创设情境

本任务以缮制单据的案例展开，以某物流公司业务员的身份填制货物清单。

➡ 知识准备

一、货物清单的含义

货物清单是运输业务中一种常见的运输单据，是根据运输过程中的货物信息编制的货物的汇总清单。其内容包括装货人信息、托运人信息、承运人信息、货物名称、包装形式、单位、数量、重量、体积、保价等。

二、货物清单的填制说明

（1）起运地点：根据实际情况填写；

（2）运单号：填写货物清单号；

（3）装货人姓名：填写具体公司名称；

（4）装货日期：填写作业时间；

（5）序号：填写货物的序号；

（6）货物名称：填写商品名称的全名；

（7）包装形式：填写包装的种类（如箱、袋等）；

（8）单位：填写包装种类的计量单位；

（9）数量：具体的数量；

（10）重量：具体到千克；

（11）体积：具体到立方厘米；

（12）保价：价格；

（13）托运人：托运人签字；

（14）承运人：承运人签字；

（15）日期：填写填制该表的日期。

具体如表 7-15 所示。

表 7 – 15　货物清单

起运地点：				运单号：			
装货人姓名：				装货日期：			
序号	货物名称	包装形式	单位	数量（件）	重量（kg）	体积 长×宽×高（cm³）	保价 价格（元）
备注							
托运人（签字或盖章）				承运人（签字或盖章）			
日期：　　年　月　日				日期：　　年　月　日			

注：凡不属同一货名、同一规格、同一包装的货物，在一张货物运单上不能逐一填写的，可填货物清单。

📑 任务实施 ....▼

2018 年 11 月 6 日 10 时，烟台鹏捷物流有限公司烟台站客服刘晓莉收到编号为 SYT-KH015、客户为烟台华宝宝有限公司（运单号 YD201010170004）的一单发货通知：有一批纸箱包装的电子音乐玩具从烟台工厂发往济南分公司。总部地址：烟台市荆山路 10 号，联系人：李彩彩（经理），联系电话：0535 – 6799811；分公司地址：济南市解放路 89 号，联系人：张云娜，联系电话：0531 – 86429521。托运货物具体信息：电子音乐玩具 100A45，单件尺寸 40cm×20cm×15cm，单件重量 1.5kg，数量 200 箱，总体积约 2.4m³；电子音乐玩具 100B37，单件尺寸 35cm×25cm×10cm，单件重量 1.8kg，数量 150 箱，总体积约 1.3m³；电子音乐玩具 100C64，单件尺寸 18cm×26cm×8cm，单件重量 1kg，数量 100 箱，总体积约 0.4m³；电子音乐玩具 100D87，单件尺寸 41cm×22cm× 20cm，单件重量 1.8kg，数量 100 箱，总体积约 1.8m³；电子音乐玩具 100E28，单件尺寸 23.4cm×10.5cm×6.6cm，单件重量 1.2kg，数量 100 箱，总体积约 0.16m³。

要求 2018 年 11 月 7 日到货。只对电子音乐玩具 100A45 投保，货值为 10 000 元，保险费率为货值的 0.06%，所投保险公司为太平保险公司，烟台站陆运保险员王东灿负责，联系方式为 13587890165。编制国内货物运输险投保单 BXD101。运输车辆为 9.6m 敞车。

客服刘晓莉根据华宝宝有限公司发货信息填制编号为 ZYTZD004 的作业通知单并下指令给公司运输部调度刘明宝。

除了客服刘晓莉发给刘明宝的指令外，刘明宝还收到了其他客服发来的 3 个作业指令，均要求于 2018 年 11 月 7 日到货。

任务：请根据以上资料以物流公司业务员的身份填写货物清单，如表 7 - 16 所示。

表 7 - 16　货物清单

起运地点：				运单号：			
装货人姓名：				装货日期：			
序号	货物名称	包装形式	单位	数量（件）	重量（kg）	体积 长×宽×高 （cm³）	保价 价格（元）
备注							
托运人（签字或盖章）				承运人（签字或盖章）			
日期：　　年　　月　　日				日期：　　年　　月　　日			

任务评价

评价内容	评价标准	权重	分项得分
任务完成情况	单证的准确率与规范性	80%	
职业素养	完成任务的态度，与所学知识的结合效果	20%	
总分		评价者签名：	

任务五　货物运输交接单

创设情境

本任务以缮制单据的案例展开，以某物流公司业务员的身份填制货物运输交接单。

知识准备

一、货物运输交接单的含义

货物运输交接单是当货物车辆到达货运站或目的地时，由货运站或者签收人签发的一种交接单，可作为货物交接的凭证。

二、货物运输交接单的填制说明

(1) 始发站、目的站：始发站填写货物运输交接所在站的城市名，如在南昌仓库发生货物运输交接且在南昌编制货物运输交接单，则始发站填写"南昌"；目的站填写所交接货物要送到的地点所在的城市名，如货物交接单上的货物要送到广州，则目的站填写"广州"。

(2) 车牌号、核载（t）、车容（m³）：填写承运货物运输交接单上所含货物的车辆的车牌号码、核载吨数、核载体积。车牌号填写示例：皖 A88888，核载和车容均不用填写单位。

(3) 车辆性质：填写承运货物运输交接单上所含货物的车辆在承运单位的运力资源性质，包含路线等信息，路线用城市简称描述，如为北京到上海的干线班车，则填写"京—沪班车"，具体信息以题目为准。

(4) 发车时间、预达时间：请分别填写车辆从交接站出发的时间、货物运输交接单所有货物最早要求到货的时间，如货物运输交接单上有两个客户的货，客户 A 要求到货的时间为 2019 - 01 - 01 16：00：00，客户 B 要求到货的时间为 2019 - 01 - 02 06：00：00，则填写 2019 - 01 - 01 16：00：00。

(5) 运单号、客户名称、包装、货物名称、数量（件）、体积（m³）、重量（kg）：按不同货物分开填写，如同一个客户有两种不同的货，则应分别填写相应信息，其中数量（件）、体积（m³）、重量（kg）等信息填写时均不用带单位，此处数量（件）指包装数量。

(6) 发站记事：填写所用封锁的数量及封号。

(7) 随车设备：若没有随车设备则填写"无"。

具体如表 7 - 17 所示。

表 7 - 17　货物运输交接单

编号：

始发站		车牌号		核载（t）			发车时间			
目的站		车辆性质		车容（m³）			预达时间			
序号	运单号	客户名称	包装	货物名称		数量（件）	体积（m³）	重量（kg）	备注	
合计										
发站记事	施封　枚；封号：			随车设备			发站调度	发货人	司机	到站调度
到站记事	施封　枚；封号：封锁：			到达时间						
	收货及货损									
制单人：					制单时间：					

任务实施

2019 年 3 月 20 日，百路通物流有限公司（简称百路通）客服刘柳收到编号为 KH002 的华德永佳地毯有限公司（简称华德地毯）的发货通知：将一批地毯运至连云港办事处。华德地毯地址为河南省郑州市紫荆路北段 1 号；联系人：李丽；电话：0371 - 64351003；邮编：451282。

连云港办事处的地址为连云港苍梧路 23 号；联系人：李春；电话：0518 - 6545468；邮编：222343。

托运的货物是：

羊毛簇绒地毯 20 箱，总重 1 000kg，体积 5.6m³。

尼龙地毯 10 箱，总重 500kg，体积 2.8m³。

拼块地毯 10 箱，总重 600kg，体积 2.8m³。

要求：只对羊毛簇绒地毯投保，货值是 100 000 元，保险费率为货值的 1%，所投保险公司为中华保险公司，郑州站李华明负责此项目。要求 3 月 25 日之前送到目的地。运费为 3 500 元，取派费 500 元，结算方式采用月结，客户签字的运单作为回执单，予以结清运费。

刘柳根据华德地毯的发货信息编制作业通知单并下达指令给公司的运输部调度程明。程明又收到要求在 3 月 24 到货的三单作业指令：

（1）郑州华丰纸业有限公司（河南新密市开阳路 12 号，成军）的 50 箱 A4 纸送至徐州销售处（徐州市泉山区建国西路 13 号，王广），总重 500kg，体积 0.8m³；

（2）郑州辉煌印务有限公司（郑州市中原区大学北路 43 号，张宇）的 50 箱作业本送至徐州销售处（徐州市中山南路 10 号，戴晨），总重 1 000kg，体积 1.8m³；

（3）郑州宏图广告印刷有限公司（郑州市金水区农业路 39 号，蔡江）的 50 箱手提袋运至连云港办事处（连云港市新浦区海连西路 17 号，王玉），总重 300kg，体积 3.2m³。

郑州到徐州 400km，徐州至连云港 240km。公司送货的车辆编号：HB001，车牌号：豫 A39027，车容 20m³，载重 6t，司机是张大宇。

21 日，程明安排随车货运员蒋欣、司机王广云去取货，取货车辆是 9.6m 集装箱，载重 8t，车容 20m³。预计 8 小时完成取货作业回到场站。同时，程明编制单号为 JHD0001 的集货单，并发指令给场站调度王宏，规定 22 时前集货到场站。

货运员蒋欣编制华德地毯托运的货物的公路货物运单编号为 YD001，华丰纸业的运单编号为 YD002，辉煌印务的运单编号为 YD003，宏图广告的运单编号为 YD004。21 日 20 时完成集货作业回到场站。

货物于 2019 年 3 月 22 日 7 时装车，林南宇负责装车发货，此车有一枚封签，封号为 FH01。9 时发车出站，调度王宏向徐州站的调度王新飞发送货物运输交接单 YSJJD001，当日 18 时到达徐州，23 日 8 时从徐州出发，预计 12 时到达连云港。

任务：请根据以上资料以物流公司业务员的身份填写货物运输交接单，如表 7 - 18 所示。

表7-18　货物运输交接单

编号：

始发站		车牌号		核载(t)			发车时间		
目的站		车辆性质		车容（m³）			预达时间		
序号	运单号	客户名称	包装	货物名称	数量（件）	体积（m³）	重量（kg）	备注	
		合计							

发站记事	施封　枚；封号：		随车设备		发站调度	发货人	司机	到站调度
到站记事	施封　枚；封号：封锁：		到达时间					
	收货及货损							
制单人：				制单时间：				

⇄ 任务评价

评价内容	评价标准	权重	分项得分
任务完成情况	单证的准确率与规范性	80%	
职业素养	完成任务的态度，与所学知识的结合效果	20%	
总分		评价者签名：	

项目八　铁路运输

项目描述

各种铁路运输方式的比较。

学习目标

通过本项目的学习，学会鉴别不同类型的铁路运输方式，能正确缮制铁路运输单据。

学习任务

能够根据不同的运输业务选择合适的运输方式，缮制铁路运输单据。

任务　铁路运单

创设情境

本任务以缮制单据的案例展开，以某铁路货运营业部的工作人员的身份填写铁路运单。

知识准备

一、铁路运单的作用

铁路运单一律以目的地收货人为记名抬头，一式两份。正本随货物同行，到目的地交收货人作为提货通知；副本交托运人作为收到托运货物的收据。在货物尚未到达目的地之前，托运人可凭运单副本指示承运人停运，或将货物运给另一个收货人。

铁路运单只是运输合约和货物收据，不是物权凭证，但在托收或信用证支付方式下，托运人可凭运单副本办理托收或议付。

二、铁路运单的类型

铁路运输分为国际铁路联运和国内铁路运输两种方式，前者使用国际铁路联运运单，后者使用国内铁路运单。通过铁路对港、澳出口货物时，由于内地铁路运单不能作为对外结汇的凭证，故使用"承运货物收据"这种特定性质和格式的单据。铁路运单的式样如图8-1和图8-2所示。

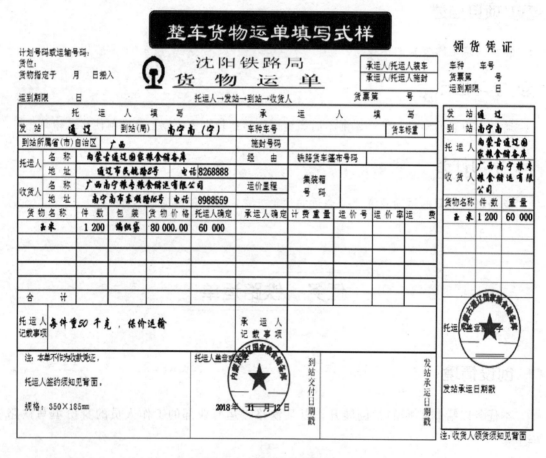

图8-1　铁路运单的式样1

三、铁路运单的缺陷

铁路运单没有发挥物权凭证的功能，不能像提单一样，用来进行商业性质的流通，给铁路联运当事人造成了不便。

首先，发货人面临着巨大的应收款风险。如果联运货物在转运港或者启运站装上火车

中铁快运股份有限公司
中国铁路小件货物快运运单 0000025
K13002000025

| 发送地: | | 承运时间 年 月 日 | | 到达地: | | 发站: | | 到站: | |

托运人	单位(姓名):			收货人	单位(姓名):				
	地址:				地址:				
	电话: 传真:				邮政编码: 电话:				

品 名	包装种类	件数	重量(kg)	体积(m³)	声明价格	快运包干费		元	运价里程		km
						超重附加费		元	运到期限		天
						保价费		元	计费重量		kg
								元			元
合 计								元			

托运人签章:	费用总计: ¥ 元	
收货人有效证件号码(或单位公章):	交付时间 月 日 时 分	领货人签章
	领货人有效证件号码:	
记 事	承运人签章	到达通知记录	到达记录

甲联：上海报单

图8-2 铁路运单的式样2

发送时，货物的买卖双方还没有完成货款的结算，发货人将没有任何凭证用以控制在途货物的货权，面临无法预测和控制的应收款风险。货物到达目的站以后，收货人可以自行办理提货手续，如果在拿到货物后不按时向发货人支付货款，发货人将面临十分被动的局面。事实上中国出口商在这方面遭受损失的案例已经很多，欠账的收货人会采用各种办法拖延，为了避免被发货人追讨货款，有些企业甚至采取注销原有公司的办法，让发货人束手无策。

其次，铁路联运的货运代理人无法实现费用到付，也面临应收款风险。与国际货物贸易所伴生的国际货物运输，货运代理人一般都会由收货人指定。即货运代理人与收货人签署货运代理合同，发货人或者出口商只需根据销售合同将货物按时在规定地点，将货物移交给收货人指定的某家货运代理公司，就等于完成了合同交付义务。如果联运货物的最后一程运输使用铁路，那么该货代将会面临要么要求客户在货物进行铁路运输前支付运费，要么等货物发车后向收货人催款的处境。同样，由于货物到达目的站以后，货运代理人无法对收货人自行提货的过程进行任何控制和干预，一旦收货人拒付运费和服务费，货运代理人将极其被动。

再次，阻碍了银行等机构围绕铁路联运货物提供押汇、担保和托收等金融和中介服务。众所周知，海运和多式联运提单由于其本身代表货权，出口商可以用提单向银行提供抵押，申请L/C（信用证）议付和跟单托收等，国际贸易中相互缺乏信任的买卖双方一方面可以通过银行服务改善各自的资金流，另一方面也可以通过银行和其他可信的中介机构的参与来极大地降低商业风险。但是铁路运单用来附货的流转形式，使得银行等机构无法围绕铁路联运货物，开发合理的金融和信用工具，提供各种形式的服务。

最后，不利于保护商业机密。贴牌生产和转手贸易在国际贸易中一直占有相当大的比例，贴牌生产的委托方和转手贸易的中间商，在绝大多数情况下不会将产品先从生产商运到自己仓库里然后再转运给下游客户，而经常是安排货运代理人直接从生产商处提货，从启运地直接发送到最终收货人指定的目的地，以达到节约物流成本和简化手续的目的。在货物使用铁路联运运输出口的情况下，虽然代工生产的委托方和中间商可以指定货运代理在办理货物托运时按照自己的指示填写运单资料，但是由于铁路运单目前也是生产企业出口退税的重要凭据之一，运单上的收货人资料会不可避免地落入生产企业手中。客户资料是代工生产委托方和中间商的商业机密，出于使用铁路联运会造成客户资料泄露的顾虑，代工生产委托方和中间商可能放弃使用铁路联运而采用其他运输方式来完成货物运输，不利于客户积极使用铁路联运节约物流成本，也降低了贸易的执行效率。

由此可见，铁路运单功能和形式上的不足，给相关当事人造成了不便，也带来了极大风险，客观上已经成为制约亚欧大陆各国之间，以及其他世界各国与亚欧大陆国家之间，使用铁路通道顺利进行货物贸易的障碍，成为急待解决的问题。国际铁路组织成员国为铁路联运量身定制合乎现代贸易发展形势需要，且方便可行的运单流转和使用规则，已成为当务之急。一套为各国广泛接受、完整严密又能保留货权凭证可流通性质的通行规则，既能对当事人权利提供有效保障，也是银行和其他机构（如保理、进出口保险公司等）共同参与，为铁路联运相关方提供完善服务，促进亚欧大陆各国贸易来往和经济发展的先决条件。

四、铁路运单的填制说明

（1）发站、到站（局）：应分别按《铁路货物运价里程表》规定的站名完整填写，不得填写简称，"到站（局）"填写到达主管铁路局名的第一个字，例如："哈""上""广"等，但到达北京铁路局的，则填写"京"字；

（2）到站所属省（市）、自治区：填写到站所在地的省（市）、自治区名称，托运人填写的到站、到达局和到站所属省（市）、自治区名称，三者必须相符；

（3）托运人：填写发货人姓名或发货单位详细的名称、所在地地址以及联系电话；

（4）收货人：填写收货人姓名或收货单位详细的名称、所在地地址以及联系电话；

（5）件数：应按货物名称及包装种类，分别记明件数，若是集装箱运输，则以集装箱的个数为准，而不是按货物的件数计算；

（6）包装：以货物的外包装为准，若是集装箱货物应在包装栏填写"集装箱"，并注明是几吨箱；

（7）货物价格：按货物的实际价格算；

（8）托运人确定重量（kg）：集装箱货物按集装箱的最大载重量算。

具体如表 8-1 所示。

运单内各栏有更改时，在更改处，属于托运人填记的事项，应由托运人盖章证明；属于承运人记载的事项，应由车站加盖站名戳记。承运人对托运人填记事项除按照《货物运单和货票填制办法》第 15 条规定的内容可以更改外，其他内容不得更改。

表 8-1　铁路运单

货物指定于　　　年　月　日　　　　××铁路局

货位

计划号码或运输号码：

运到期限　　日　　　　　托运人→发运人→到站→收货人　　　　货票第　　号

| 承运人/托运人 | 装车 |
| 承运人/托运人 | 施封 |

托运人填写					承运人填写							
发　站		到站（局）			车种车号			货车标重				
到站所属省（市）、自治区					施封号码							
托运人	名称				经　由			铁路货车篷布号码				
	住址		电话									
收货人	名称				运价里程			集装箱号码				
	住址		电话									
货物名称	件数	包装	货物价格	托运人确定重量(kg)	承运人确定重量(kg)	计费重量	计价类型	运价号	运价率	现付		
										类别	金额	
合　计												
托运人记载事项		保险：		承运人记载事项								
注：本单不作为收款凭证，托运人签约见背面。		托运人盖章或签字　年　月　日		到站交付日期戳		发站承运日期戳						

领货凭证（货物运单背面）

收货人领货须知：

1. 收货人接到托运人寄交的领货凭证后，应及时向到站联系领取货物；

2. 收货人领取货物已超过免费暂存期限时，应按规定支付货物暂存费；

3. 收货人在到站领取货物，如遇货物未到时，应要求到站在本证上加盖车站戳证明货物未到。

托运人须知：

1. 托运人持本货物运单向铁路托运货物，证明并确认和愿意遵守铁路货物运输的有关规定；

2. 货物运单所记载的货物名称、重量与货物的实际完全相符，托运人对其真实性负责；

3. 货物的内容、品质和价值是托运人提供的，承运人在接收和承运货物时并未全部核对；

4. 托运人应及时将领货凭证寄交收货人，凭以联系到站领取货物。

🔁 任务实施

2019 年 3 月 18 日，青岛铁路货运营业部接收到客户一份发运计划，要求将一批服装运到广州。

1. 托运人信息

公司名称：青岛海宇服装有限公司，地址：青岛南京北路 387 号，电话：87695238，联系人：王国仁。

2. 收货人信息

公司名称：广州君兰经贸有限公司，地址：广州海昌南路 17 号，电话：31386007，联系人：张静。

3. 托运货物

托运货物信息如表 8-2 所示。

表 8-2 托运货物信息

货物名称	包装	规格（长×宽×高）	数量（箱）	重量（kg）	金额（元）
海宇服装	纸箱	90cm×70cm×80cm	50	8 400	18 000
注意事项：防止雨淋，注意防潮					

货物预计于3月20日进入青岛铁路货运营业部3号仓库，放入A035627货位。根据青岛火车站的货物运营标准，服装的运价号为7，基价1为30元/t，基价2为0.125元/t·km，装卸按计重收费：40元/t。

青岛火车站到广州火车站的运营距离为2 100km，青岛站始发，整车运输，预计运输时间为2天，3月23日到达广州站，棚车标重70t，棚车号码P13916，由青岛火车货运营业部负责装车，青岛海宇服装有限公司施封，施封号码为03125。

3月20日，货物运至青岛铁路货运营业部指定货位，青岛铁路货运营业部工作人员编制运输号码为QD025317、货票号码为QD057683的运单。

运输的海宇服装不是轻泡货。

任务：请根据以上材料，以青岛铁路货运营业部工作人员的身份填写表8-3所示的铁路运单。

表 8-3 铁路运单

货物指定于 年 月 日 货位	××铁路局	
计划号码或运输号码：	承运人/托运人	装车
运到期限 日 托运人→发运人→到站→收货人	承运人/托运人	施封

货票第 号

托运人填写						承运人填写							
发 站		到站（局）			车种车号		货车标重						
到站所属省（市）、自治区					施封号码								
托运人	名称				经 由		铁路货车篷布号码						
	住址		电话										
收货人	名称				运价里程		集装箱号码						
	住址		电话										
货物名称	件数	包装	货物价格	托运人确定重量(kg)	承运人确定重量(kg)	计费重量	计价类型	运价号	运价率	现 付	
										类别	金额
合 计											
托运人记载事项		保险：	承运人记载事项								
注：本单不作为收款凭证，托运人签约见背面。		托运人盖章或签字 年 月 日		到站交付日期戳		发站承运日期戳					

⇄ 任务评价

评价内容	评价标准	权重	分项得分
任务完成情况	单证的准确率与规范性	80%	
职业素养	完成任务的态度，与所学知识的结合效果	20%	
总分		评价者签名：	

项目九 国内水路运输

项目描述

各种国内水路运输方式的比较。

学习目标

通过本项目的学习，学会鉴别不同类型的国内水路运输方式，能正确缮制水路运输单据和订舱委托书。

学习任务

能够根据不同的运输业务选择合适的运输方式，缮制国内水路运输单据和订舱委托书。

任务一　国内水路货物运单

创设情境

本任务以缮制单据的案例展开，根据背景填写国内水路货物运单。

知识准备

一、水路运输的定义

水路运输是以船舶为主要运输工具，以港口或港站为运输基地，以水域包括海洋、河流和湖泊为运输活动范围的一种运输方式。水运至今仍是世界许多国家最重要的运输方式之一。

水路运输是目前各主要运输方式中兴起最早、历史最长的运输方式。其技术经济特征是载重量大、成本低、投资少，但灵活性小，连续性也差。较适于担负大宗、低值、笨重和各种散装货物的中长距离运输，特别是海运，更适于承担各种外贸货物的进出口运输。

二、水路运输的特点

水路运输与其他运输方式相比，具有如下特点。

（1）水路运输运载能力大、成本低、能耗少、投资少，是一些国家国内和国际运输的重要运输方式之一。水路运输利用海洋或天然河道，占地很少。在我国的货运总量中，水运所占的比重仅次于铁路和公路。

（2）受自然条件的限制与影响大。即受海洋与河流的地理分布及地质、地貌、水文与气象等条件和因素的明显制约与影响；水运航线无法在陆地上任意延伸，所以，水运要与铁路、公路、航空和管道运输配合，并实行联运。

（3）开发利用涉及面较广。如天然河流涉及通航、灌溉、防洪排涝、水力发电、水产养殖以及生产与生活用水的来源等。

三、水路运输货物单证的分类

水路运输货物单证分为国内运输单证和国际运输单证，国内水路货物运输采用运单制度。货物运单属于提单范围。承运人在接收货物时签发货物运单作为收据，货物运单是承运人收取运费的凭证，也是承运人、托运人、港口经营人处理商务的凭据以及货物交接的凭证。

货物运单的持有方在水路运输过程中，一次直达运输的运单最少涉及四个方面的运作方：

（1）运港承运方或代理方。

（2）托运方。

（3）到达港口经营方。

（4）收货方。

四、计算运费

水路运输按货物适用的发到基价加上运行基价与货物的运价里程以及按规定确定的计费重量相乘的积来计算运费。集装箱以箱为计费数量。具体公式表示如下：

$$运费＝发到基价＋运行基价×运价里程×计费重量$$

五、国内水路货物运单的填制说明

（1）此货物运单主要适用于江、海干线和跨省运输的水路货物运输。

（2）水路货物运单、货票一式6份。顺序如下：

第一份：货票（起运港存查联）；

第二份：货票（解缴联）起运港→航运企业；

第三份：货票（货运人收据联）起运港→托运人；

第四份：货票（船舶存查联）起运港→船舶；

第五份：货票（收货人存查联）起运港→船舶→到达港→收货人；

第六份：货物运单（提货凭证）起运港→船舶→到达港→收货人→到达港存。

（3）除另有规定者外，属于港航分管的水路运输企业，由航运企业自行与托运人签订货物运输合同的，均使用航运企业抬头的水路货物运单。

（4）货物运单联需用厚纸印刷，货票各联用薄纸印刷，印刷墨色应有区别：解缴联为红色；收费人收据联为绿色，其他各联为黑色。

（5）要印控制号码或固定号码。

（6）到达港收费，另开收据。

（7）规格：长19cm，宽27cm。

具体如表9-1所示。

表9-1　国内水路货物运单

交接清单号码：

运单号码：　　　　　　　　　　　　　　　　　　　　　　　　年　月　日

船名、航次		起运港		到达港			到达日期 承运人章		收货人（章）		
托运人	全　称		收货人	全　称							
	地址、电话			地址、电话							
	银行、账号			银行、账号							
发货符号	货号	件数	包装	价值	托运人确定		计费重量		等级	费率	金额
					重量(t)	尺寸(长、宽、高)(m)	重量(t)	体积(m³)			应收费用
											项目 | 费率 | 金额
											运费
											装船费
合计											
运到期限（或约定）								托运人（公章）　月　日		总计	
										核算员	
特约事项								承运人盖章		复核员	

📥 任务实施

2018 年 12 月 3 日，连云港市雷锋船务有限责任公司客服人员周大同收到兴业铝业（集团）有限责任公司的发货通知，将工业用排风管发往大连西门子电器仪表公司。发货信息如表 9-2 所示。

表 9-2 发货信息

货物名称	单件尺寸（m）	单件重量	单件体积	数量	总重量	总体积	货物价值	发货符号
工业用排风管 XM01	0.10×0.12×12	5kg	0.144m³	1 000 个	5 000kg	144m³	40 000 元	FH-01
工业用排风管 XM02	0.12×0.12×12	5kg	0.1728m³	1 000 个	5 500kg	172.8m³	50 000 元	FH-02
工业用排风管 XM03	0.08×0.10×10	4kg	0.08m³	1 000 个	4 000kg	80m³	30 000 元	FH-03

2018 年 12 月 10 日运到大连港，费率是货物价值的 5%，运费 6 000 元，装船费 1 000元。调度程海根据周大同收到的要求填制运单号码为 SLHWYD001 的国内水路货物运单，交接清单号码为 JJQD001，安排货物装在船名为 HBCJ、船次为 0001 的船舶运往大连。

兴业铝业（集团）有限责任公司地址：连云港市九龙坡区西彭镇 1 号；联系人：王云；联系电话：0518-65808556；邮编：401326。

大连西门子电器仪表公司地址：大连市中山南路 360 号；联系人：程曦；联系电话：0411-65784723；邮编 210045。

任务：请根据案例填制编号为 SLHWYD001 的国内水路货物运单，如表 9-3 所示。

表 9-3 国内水路货物运单

交接清单号码：

运单号码：　　　　　　　　　　　　　　　　　　　　　年　月　日

船名、航次		起运港			到达港			到达日期承运人章	收货人（章）
托运人	全 称			收货人	全 称				
	地址、电话				地址、电话				
	银行、账号				银行、账号				

发货符号	货号	件数	包装	价值	托运人确定		计费重量		等级	费率	金额	应收费用		
					重量（t）	尺寸（长、宽、高）(m)	重量（t）	体积（m³）				项目	费率	金额
												运费		
												装船费		
合计														

运到期限（或约定）		托运人（公章）	总计	
		月　日	核算员	
特约事项		承运人盖章	复核员	

📌 任务评价 --▼

评价内容	评价标准	权重	分项得分
任务完成情况	单证的准确率与规范性	80%	
职业素养	完成任务的态度，与所学知识的结合效果	20%	
总分		评价者签名：	

任务二　订舱委托书

📌 创设情境 --▼

本任务以缮制单据的案例展开，以船务公司单证员的身份填制订舱委托书。

📌 知识准备 --▼

一、订舱委托书的含义

订舱委托书是买方/卖方为了买卖商品，通过船公司和货代公司进行船运而订舱的申请书。

二、订舱委托书的填制说明

（1）托运人（发货人）：填写出口公司（信用证受益人）；

（2）收货人：填写信用证规定的提单收货人；

（3）通知人：填写信用证规定的提单通知人；

（一般在订舱委托书上会注明托运人、收货人、通知人这三栏为提单 B/L 项目要求。即将来船公司签发的提单上的相应栏目的填写也会参照订舱委托书的写法。因此，这三栏的填写应按照信用证提单条款的相应规定填写。具体参见提单条款的填制方法。）

（4）信用证号：填写相关交易的信用证号码；

（5）开证银行：填写相关交易的信用证开证银行的名称；

（6）合同号：填写相关交易的合同号码；

（7）成交金额：填写相关交易的合同总金额；

（8）装运口岸：填写信用证规定的起运地，如信用证未规定具体的起运港口，则填写实际装货港名称；

（9）目的港：填写信用证规定的目的地，如信用证未规定目的港口，则填写实际卸货港名称；

（10）转船运输：根据信用证条款，如允许分批，则填"YES"，反之，则填"NO"；

（11）分批装运：根据信用证条款，如允许分批则填"YES"，反之则填"NO"，如信用证未对转船和分批作具体的规定则应按照合同的有关要求填写；

（12）信用证有效期：填写信用证的有效期；

（13）装运期限：填写信用证规定的装运期限；

（14）运费：根据信用证提单条款的规定填写"FREIGHT PREPAID"（运费预付）或"FREIGHT TO COLLECT"（运费到付）；

（15）成交条件：填写成交的贸易术语；

（16）特别要求：如托运人对所订舱有特殊要求，可以填在这一栏中；

（17）标记唛码：填写货物的装运标志，即通常所说的"唛头"；

（18）货号规格：填写货物描述；

（19）总件数、总毛重、总净重、总尺码、总金额：按货物的实际情况填写；

（20）备注：如有其他事项可填入此栏中。

具体如表9-4所示。

表 9-4　订舱委托书

年　月　日

托运人		合同号	
		发票号	
		信用证号	
		运输方式	
收货人		装运口岸	
		目的港	
		装运期	
通知人		可否转让	
		可否分批	
		运费支付方式	
		正本提单	
唛头	货名	包装件数	总毛重	总体积
注意事项				
受托人			委托人	
电话：　　　　传真：			电话：　　　　传真：	
联系人：			联系人：	

任务实施

南京花荣贸易有限公司销售一笔货物给上海新一贸易有限公司，相关信息如下：

卖家信息：南京花荣贸易有限公司，地址：南京路华容大厦 2906 号，邮编：210005，电话：025 - 47150067，传真：025 - 47113633；

合同编号：neo2019026，日期：2019 年 2 月 28 日，签署地点：南京；

买家信息：新一贸易有限公司，地址：上海中山路 120 号，电话/传真：021 - 46592130；

交易商品：1 700 箱罐头（规格：24 罐一箱，每罐 227 克净重，共 1 700 纸箱，单价 7.80 元，共13 260.00元）；

包装：出口用棕色纸箱；

不许分批装运与转运；

航运标志：金玫瑰 187/20118；

运输线路：从南京港到上海港；

在装运日期后的 15 天内有效。

任务：请根据背景材料填制订舱委托书，如表 9 - 5 所示。

表 9 - 5　订舱委托书

年　月　日

托运人		合同号	
		发票号	
		信用证号	
		运输方式	
收货人		启运港	
		目的港	
		装运期	
通知人		可否转让	
		可否分批	
		运费支付方式	
		正本提单	

唛头	货名	包装件数	总毛重	总体积

注意事项	

受托人	委托人
电话：　　　　传真：	电话：　　　　传真：
联系人：	联系人：

任务评价

评价内容	评价标准	权重	分项得分
任务完成情况	单证的准确率与规范性	80%	
职业素养	完成任务的态度，与所学知识的结合效果	20%	
总分		评价者签名：	

项目十 航空运输

📧 项目描述

各种航空运输方式的比较。

◎ 学习目标

通过本项目的学习，学会鉴别不同类型的航空运输方式，能正确缮制航空运输单据。

💬 学习任务

能够根据不同的运输业务选择合适的运输方式，缮制航空运输单据。

任务 航空运单

⇄ 创设情境

本任务以缮制单据的案例展开，根据案例背景填写航空运单。

⇄ 知识准备

一、航空运单的含义

航空运单是承运人与托运人之间签订的运输合同。航空运单不是物权凭证，不能通过背书转让。收货人提货不是凭借航空运单，而是凭航空公司的提货通知单。

二、航空运单的性质和作用

航空运单与海运提单不同，与国际铁路联运运单相似。它是由承运人或其代理人签发的货物运输单据，是承托双方的运输合同，其内容对双方均具有约束力。航空运单不可转让，持有航空运单并不能说明可以对货物拥有所有权。

（一）航空运单是发货人与航空承运人之间的运输合同

与海运提单不同，航空运单不仅证明航空运输合同的存在，而且航空运单本身就是发货人与航空运输承运人之间签订的货物运输合同，在双方共同签署后产生效力，并在货物到达目的地交付给运单上所记载的收货人后失效。

（二）航空运单是承运人签发的已接收货物的证明

航空运单也是货物收据。发货人将货物发运后，承运人或其代理人就会将其中一份交给发货人（即发货人联），作为已经接收货物的证明。它是承运人收到货物并在良好条件下装运的证明。

（三）航空运单是承运人据以核收运费的账单

航空运单分别记载着收货人应负担的费用，应支付给承运人的费用和应支付给代理人的费用，并详细列明费用的种类、金额，因此可作为运费账单和发票。承运人往往将其中的承运人联作为记账凭证。

（四）航空运单是报关单证之一

出口时航空运单是报关单证之一。在货物到达目的地机场进行进口报关时，航空运单通常是海关查验放行的基本单证。

（五）航空运单可作为保险证书

如果承运人承办保险或发货人要求承运人代办保险，则航空运单也可用来作为保险证书。

（六）航空运单是承运人开展内部业务的依据

航空运单随货同行，证明货物的身份。运单上载有该票货物发送、转运、交付的事项，承运人据此对货物的运输做出相应安排。

航空运单的正本一式三份，每份都印有背面条款，其中一份交发货人，是承运人或其代理人接收货物的依据；第二份由承运人留存，作为记账凭证；最后一份随货同行，在货物到达目的地时，交付给收货人作为核收货物的依据。

三、航空运单的分类

(一) 主运单

凡是由航空运输公司签发的航空运单通称为主运单（Master Air Waybill，MAWB）。它是航空运输公司据以办理货物运输和交付的依据，是航空公司和托运人订立的运输合同，每一批通过航空运输的货物都有对应的航空主运单。

(二) 分运单

集中托运人在办理集中托运业务时签发的航空运单被称作分运单（House Air Waybill，HAWB）。

在集中托运的情况下，除了航空运输公司签发主运单外，集中托运人还要签发航空分运单。

航空分运单作为集中托运人与托运人之间的货物运输合同，合同双方分别为货主 A、B 和集中托运人；而航空主运单作为航空运输公司与集中托运人之间的货物运输合同，当事人则为集中托运人和航空运输公司。货主与航空运输公司没有直接的契约关系。

由于在起运地货物由集中托运人将货物交付航空运输公司，在目的地由集中托运人或其代理从航空运输公司处提取货物，再转交给收货人，因而货主与航空运输公司没有直接的货物交接关系。

四、航空运单的内容

(1) 始发站机场：IATA 统一制定的始发站机场或城市的三字代码，这一栏应和 11 栏相一致。

1A：IATA 统一编制的航空公司代码，如我国国际航空公司的代码就是 999；

1B：运单号。

(2) 发货人姓名、住址（Shipper's Name and Address）：发货人姓名、地址、所在国家及联络方式。

(3) 发货人账号：只在必要时填写。

(4) 收货人姓名、住址（Consignee's Name and Address）：收货人姓名、地址、所在国家及联络方式。与海运提单不同，因为航空运单不可转让，所以"凭指示"之类的字样不得出现。

(5) 收货人账号：只在必要时填写。

(6) 承运人代理的名称和所在城市（Issuing Carrier's AgentName and City）。

(7) 代理人的 IATA 代号。

(8) 代理人账号。

(9) 始发站机场及所要求的航线（Airport of Departure and Requested Routing）：这里的始发站应与第 1 栏的填写内容相一致。

（10）支付信息（Accounting Information）：此栏只在采用特殊付款方式时才填写。

（11）运输信息。

11A（C、E）．去往（To）：分别填写第一、第二、第三中转站机场的 IATA 代码；

11B（D、F）．承运人（By）：分别填写第一、第二、第三段运输的承运人。

（12）货币（Currency）：填写 ISO 货币代码。

（13）收费代号：表明支付方式。

（14）运费及声明价值费（Weight Charge/Valuation Charge，WT/VAL）：

此时有两种情况：预付（Prepaid，PPD）和到付（Collect，COLL）。如预付在 14A 中填入"＊"，否则填在 14B 中。需要注意的是，航空货物运输中运费与声明价值费的支付方式必须一致。

（15）其他费用（Other）：也有预付和到付两种支付方式。

（16）运输声明价值（Declared Value for Carriage）：发货人要求的用于运输的声明价值。如果发货人不要求声明价值，则填写"NVD"（No Value Declared）。

（17）海关声明价值（Declared Value for Customs）：发货人在此填写对海关的声明价值，或者填写"NCV"（No Customs Valuation），表明没有声明价值。

（18）目的地机场（Airport of Destination）：最终目的地机场的全称。

（19）航班及日期（Flight/Date）：货物所搭乘的航班及日期。

（20）保险金额（Amount of Insurance）：只有在航空公司提供代保险业务而客户也有此需要时才填写。

（21）操作信息（Handling Information）：一般填写承运人对货物处理的有关注意事项，如"Shipper's Certification for Live Animals（托运人所托运的动物证明书）"等。

（22）货物运价、运费细节。

22A. 货物件数和运价组成点（No. of Pieces/Rate Combination Point，RCP）：货物包装件数。如 10 包即填"10"。当需要组成比例运价或分段相加运价时，在此栏填写运价组成点机场的 IATA 代码。

22B. 毛重（Gross Weight）：货物总毛重。

22C. 重量单位：可选择千克（kg）或磅（lb）。

22D. 运价等级（Rate Class）：针对不同的航空运价共有 6 种代码，分别是 M（Minimum，起码运费）、C（Specific Commodity Rates，特种运价）、S（Surcharge，高于普通货物运价的等级货物运价）、R（Reduced，低于普通货物运价的等级货物运价）、N（Normal，45kg 以下货物适用的普通货物运价）、Q（Quantity，45kg 以上货物适用的普通货物运价）。

22E. 商品代码（Commodity Item No. ）：在使用特种运价时需要在此栏填写商品代码。

22F. 计费重量（Chargeable Weight）：此栏填航空公司据以计算运费的计费重量，该重量可以与货物毛重相同也可以不同。

22G. 运价（Rate/Charge）：该货物适用的费率。

22H. 运费总额（Total）：此栏数值应为起码运费值或者是运价与计费重量两栏数值的乘积。

22I. 货物的品名、数量，含尺码或体积（Nature and Quantity of Goods incl. Dimensions or Volume）：货物的尺码应以厘米或英寸为单位，尺寸分别以货物最长、最宽、最高边为基础。体积则是上述三边的乘积，单位为立方厘米或立方英寸。

22J. 该运单项下货物总件数。

22K. 该运单项下货物总毛重。

22L. 该运单项下货物总运费。

（23）其他费用（Other Charges）：除运费和声明价值附加费以外的其他费用。根据 IATA 规则各项费用分别用 3 个英文字母表示。其中前两个字母是某项费用的代码，如运单费就表示为 AW（Air Waybill Fee）。第三个字母是 C 或 A，分别表示费用应支付给承运人（Carrier）或货运代理人（Agent）。

（24）-（26）分别记录运费、声明价值费和税款金额，有预付与到付两种方式。

（27）、（28）分别记录需要付给货运代理人（Due Agent）和承运人（Due Carrier）的其他费用合计金额。

（29）需预付或到付的各种费用。

（30）预付、到付的总金额。

（31）发货人的签字。

（32）签单时间（日期）、地点、承运人或其代理人的签字。

（33）货币换算及目的地机场收费纪录。

以上所有内容不一定要全部填入航空运单，IATA 也并未反对在运单中写入其他所需的内容。但这种标准化的单证对航空货运经营人提高工作效率，促进航空货运业向电子商务方向迈进具有积极的意义。货运单一式 8 份，其中正本 3 份、副本 5 份。正本 3 份为：第一份交承运人，由托运人签字或盖章；第二份交收货人，由托运人和承运人签字或盖章；第三份交托运人，由承运人接收货物后签字盖章。3 份具有同等效力。承运人可根据需要增加副本。货运单的承运人联应当自填开货运单次日起保存两年。

五、航空运单的填制说明

（1）填单地点和日期；

（2）出发地点和目的地点；

（3）第一承运人的名称、地址；

（4）托运人的名称、地址；

（5）收货人的名称、地址；

（6）货物品名、性质；

（7）货物的包装方式、件数；

（8）货物的重量、体积和尺寸；

（9）计费项目及付款方式；

（10）运输说明事项；

（11）托运人的声明。

具体如表 10-1 所示。

表 10-1　航空运单

中国民用航空

①财务联　　　　　　　　　　货　运　单

出发站		到达站	
收货人名称		电话	
收货人地址			
发货人名称		电话	
发货人地址			
空陆转运	自　　至	运输方式	

货物品名	件数及包装	重量		价　值
		计费	实际	

航空运费：（每千克￥　）	￥	储运注意事项	
地面运输费：（每千克￥　）	￥		
空陆转运费：（每千克￥　）	￥		
中转费：（每千克￥　）	￥	收运站：
其他费用	￥	日期：
合　计	￥	经手人：

中国民用航空

②发货人联（报销联）　　　　货　运　单

出发站		到达站	
收货人名称		电话	
收货人地址			
发货人名称		电话	
发货人地址			
空陆转运	自　　至	运输方式	

货物品名	件数及包装	重量		价　值
		计费	实际	

航空运费：（每千克￥　）	￥	储运注意事项	
地面运输费：（每千克￥　）	￥		
空陆转运费：（每千克￥　）	￥		
中转费：（每千克￥　）	￥	收运站：
其他费用	￥	日期：
合　计	￥	经手人：

中国民用航空

③到达站联
货 运 单

出发站			到达站	
收货人名称			电话	
收货人地址				
发货人名称			电话	
发货人地址				
空陆转运	自 至		运输方式	
货物品名	件数及包装	重量 计费 实际		价 值
航空运费：（每千克￥　）	￥	储运注意事项		
地面运输费：（每千克￥　）	￥			
空陆转运费：（每千克￥　）	￥			
中转费：（每千克￥　）	￥			收运站：
其他费用	￥			日期：
合　计	￥			经手人：

（货物运费总数以角为单位，角以下四舍五入）

货物到达处理记录					
到达日期	通　知	提货日期	交件人	收货人	

中国民用航空

④存根联
货 运 单

出发站			到达站	
收货人名称			电话	
收货人地址				
发货人名称			电话	
发货人地址				
空陆转运	自 至		运输方式	
货物品名	件数及包装	重量 计费 实际		价 值
航空运费：（每千克￥　）	￥	储运注意事项		
地面运输费：（每千克￥　）	￥			
空陆转运费：（每千克￥　）	￥			
中转费：（每千克￥　）	￥			收运站：
其他费用	￥			日期：
合　计	￥			经手人：

任务实施

2019 年 3 月 21 日。广州某个体户赵媛媛在上海（地址：上海市南京西路 213 号，联系方式：13120001100）批发了一批服装，交由中国东方航空公司天龙分公司发运，收货人为广州商贸公司李莉莉（地址：广州市南京路 67 号，联系方式：13222001100），货物重 75kg，共 4 包，货物价值为 2.5 万元。

任务：请根据以上案例试填制一份航空货运单，如表 10－2 所示。

表 10－2　航空货运单

出发站			到达站		
收货人名称			电话		
收货人地址					
发货人名称			电话		
发货人地址					
空陆转运	自　　　至		运输方式		
货物品名	件数及包装	重量			价　值
		计　费	实　际		
航空运费：（每千克￥　　）		￥	储运注意事项		
地面运输费：（每千克￥　　）		￥			
空陆转运费：（每千克￥　　）		￥	收运站：		
中转费：（每千克￥　）		￥	日期：		
其他费用		￥	经手人：		
合　计		￥			

任务评价

评价内容	评价标准	权重	分项得分
任务完成情况	单证的准确率与规范性	80%	
职业素养	完成任务的态度，与所学知识的结合效果	20%	
总分		评价者签名：	

第三部分

国际物流业务

【适用的岗位群】物流专业主要面向的国际物流岗位有：操作员、调度员、单证员、报关员、报检员。

项目十一　国际贸易基础知识

📨 **项目描述**

对国际贸易中与单证有关的基础知识进行介绍。

◎ **学习目标**

通过本项目的学习，能够理解国际贸易的相关概念。

💬 **学习任务**

能够了解国际贸易基础知识。

任务一　贸易术语

➡ **创设情境**

贸易术语是国际贸易中价格协商必不可少的内容。开报价中使用贸易术语，明确了双方在货物交接方面各自应承担的责任、费用和风险，说明了商品的价格构成，从而简化了交易磋商的手续，缩短了成交时间。

➡ **知识准备**

一、贸易术语的定义

贸易术语（Trade Terms）也被称为价格术语（Price Terms），是在长期的国际贸易实践中产生的，用来表示成交价格的构成和交货条件，确定买卖双方有关风险、责任、费用划分等问题的专门用语。

二、贸易术语的作用

(1) 有利于买卖双方洽商交易和订立合同；

(2) 有利于买卖双方核算价格和成本；

(3) 有利于解决合同履行过程中产生的争议。

三、贸易术语的国际惯例

贸易术语的国际惯例主要有三种：

(1)《1932 年华沙-牛津规则》。由国际法协会制定，本规则共 21 条，主要说明 CIF 买卖合同性质。具体规定了买卖双方所承担的费用、风险和责任。

(2)《1941 年美国对外贸易定义修正本》。由美国九大商业团体制定，该惯例在美洲国家影响较大。在与采用该惯例的国家进行贸易时，要特别注意与其他惯例的差别，双方应在合同中明确规定贸易术语所依据的惯例。

(3)《2010 年国际贸易术语解释通则》(The Incoterms Rules or International Commercial Terms 2010)。简称"Incoterms 2010"，又称为"2010 通则"，是国际商会根据国际货物贸易的发展对《2000 年国际贸易术语解释通则》的修订版本，于 2010 年 9 月 27 日公布，2011 年 1 月 1 日开始在全球范围内实施。在"2010 通则"中，共有 11 种贸易术语。分别是：

适用于任何单一运输方式或多种运输方式的术语：

EXW (EX Works)：工厂交货。

FCA (Free Carrier)：货交承运人。

CPT (Carriage Paid to)：运费付至。

CIP (Carriage and Insurance Paid to)：运费、保险费付至。

DAT (Delivered at Terminal)：运输终端交货。

DAP (Delivered at Place)：目的地交货。

DDP (Delivered Duty Paid)：完税后交货。

适用于海运和内河水运的术语：

FAS (Free Along Side Ship)：船边交货。

FOB (Free on Board)：船上交货。

CFR (Cost and Freight)：成本加运费。

CIF (Cost, Insurance and Freight)：成本、保险费加运费。

如表 11-1 所示。

表 11-1　11 种贸易术语的比较

英文及缩写	中文全称	交货地点	风险划分	出口报关	进口报关	适用运输方式	标价注明
EX Works（EXW）	工厂交货	卖方处所	买方接管货物后	买方	买方	各种运输方式	指定地点
Free Carrier（FCA）	货交承运人	合同规定的出口国内地、港口	承运人接管货物后	卖方	买方	各种运输方式	指定地点
Free Along Side Ship（FAS）	船边交货	装运港船边	货交船边后	卖方	买方	海运、内河运输	装运港名称
Free on Board（FOB）	船上交货	装运港船上	货物越过装运港船舷	卖方	买方	海运、内河运输	装运港名称
Cost and Freight（CFR）	成本加运费	装运港船上	货物越过装运港船舷	卖方	买方	海运、内河运输	目的港名称
Cost，Insurance and Freight（CIF）	成本、保险费加运费	装运港船上	货物越过装运港船舷	卖方	买方	海运、内河运输	目的港名称
Carriage Paid to（CPT）	运费付至	合同规定的出口国内地、港口	承运人接管货物后	卖方	买方	各种运输方式	目的地名称
Carriage and Insurance Paid to（CIP）	运费、保险费付至	合同规定的出口国内地、港口	承运人接管货物后	卖方	买方	各种运输方式	目的地名称
Delivered Duty Paid（DDP）	完税后交货	进口国指定地	买方在指定地收货后	卖方	卖方	各种运输方式	目的地名称
Delivered at Terminal（DAT）	运输终端交货	进口国指定地	买方收货后	卖方	卖方	各种运输方式	目的地名称
Delivered at Place（DAP）	目的地交货	进口国指定地	买方收货后	卖方	卖方	各种运输方式	目的地名称

任务实施

任务：某公司以 CFR 价出口一批货物，装运后即以电报形式向买方发出装船通知，但对方没有收到此通知，因而未及时投保，结果船在运输途中沉没，货物全部损失，买方向该公司提出索赔，该公司应如何处理？如果此事系该公司未及时发出装船通知引起的，又该如何处理？

🔁 任务评价

评价内容	评价标准	权重	分项得分
任务完成情况	1. 该公司已发出装船通知，买方未及时投保，造成损失的责任不在该公司； 2. 为证明该公司已及时发出通知，可向买方出示有关证明材料； 3. 可协助买方查找未收到通知的原因； 4. 此类事件如果是由于该公司未及时发出装运通知造成的，该公司应承担赔偿损失等责任	80%	
职业素养	在分析中能够运用之前所学的知识，考虑问题较全面，遵守职业道德	20%	
总分		评价者签名：	

任务二　合同主要条款

🔁 创设情境

在国际贸易中，合同是整个贸易过程的依据，所以十分重要。

🔁 知识准备

一份国际贸易货物买卖合同主要由约首、正文和约尾三部分组成。

约首包括合同名称、编号、缔约日期、缔约地点、缔约双方的名称、地址及合同序言等。

正文是合同的主体部分，包括各项交易条件及有关条款，如商品名称、品质规格、数量、包装、单价与总值、运货期限、运货地点、支付、保险、商品检验、仲裁、不可抗力等。此外，根据情况需要可加列：保值条款、价格调整条款、溢短装条款、合同的法律使用条款等。

约尾是合同的结束部分，包括合同的份数、附件、使用文字及其效力、合同的生效日期与双方的签字等。以下是国际贸易货物买卖合同的主要条款。

一、货物的品质规格条款

货物的品质规格是指商品所具有的内在质量与外观形态。货物的品质规格条款的主要内容是品名、规格和牌名。合同中规定品质规格的方法有两种：凭样品和凭文字与图样。在凭样品确定货物品质规格的合同中，卖方要承担货物的品质规格必须同样品完全一致的责任。为避免发生争议，合同中应注明"品质规格与样品大致相同"。凭样品成交适用于从外观上即可确定货物的品质规格的交易。凭文字与图样进行的买卖包括凭规格、等级或标准进行的买卖，凭说明书进行的买卖以及凭商标、牌号或产地进行的买卖。对于附有图样、说明书的合同要注明图样、说明书的法律效力。

二、货物的数量条款

数量条款的主要内容是交货数量、计量单位与计量方法。制定数量条款时应注意明确计量单位和度量衡制度。在数量方面，合同通常规定有"约数"，但对"约数"的解释容易发生争议，故应在合同中增订"溢短装条款"，明确规定溢短装幅度，如"东北大米500 公吨，溢短装 3％"，同时规定溢短装的作价方法。

三、货物的包装条款

包装是指为了有效地保护商品的数量完整和质量要求，把货物装入适当的容器。包装条款的主要内容有：包装方式、规格、包装材料、费用和运输标志等。制定包装条款要明确包装的材料、造型和规格，不应使用"适合海运包装""标准出口包装"等含义不清的词句。

四、货物的价格条款

价格条款的主要内容有：每一计量单位的价格金额、计价货币、指定交货地点、贸易术语与商品的作价方法等。为防止商品价格受汇率波动的影响，在合同中还可以增订黄金或外汇保值条款，明确规定在计价货币币值发生变动时，价格应做相应调整。

单价一般有 4 个组成部分，即计量单位、单位价格金额、计价货币和贸易术语。

举例： per M/T　　　1 000　　　　USD　　　　FOB Shanghai
　　　 计量单位　　　单位价格金额　　计价货币　　　贸易术语

总值又称总价，是单价和数量的乘积，是一笔交易的货款总金额。

五、货物的装运条款

装运条款的主要内容有：装运时间、运输方式、装运地与目的地、装运方式以及装运通知。不同的贸易术语，装运的要求是不一样的，所以应该依照贸易术语来确定装运条款。如果合同中定有选择港，则应定明增加的运费、附加费用应由谁承担。

六、货物的保险条款

国际货物买卖中的保险是指进出口商按照一定险别向保险公司投保并交纳保险费，以便货物在运输过程中受到损失时，从保险公司得到经济上的补偿。保险条款的主要内容包括确定投保人、支付保险费及投保险别和保险条款。在国际货物买卖中，保险责任与费用的分担由当事人选择的贸易术语决定，因此投保何种险别以及双方对于保险有何特殊要求都应在合同中定明。此外，双方应在合同中定明所采用的保险条款名称，如是采用中国人民保险公司海洋货物保险条款，还是采用伦敦保险业协会的货物保险条款以及如何制定或修改日期、投保险别、保险费率等。

七、货物的支付条款

支付条款的主要内容包括支付手段、支付方式、支付时间和地点等。支付手段有货币和汇票，主要是汇票。付款方式可以分为两种，一种是不由银行提供信用，但通过银行代为办理，如直接付款和托收；另一种是由银行提供信用，如信用证。支付时间通常按照交货与付款的先后分为预付款、即期付款与延期付款。付款地点即为付款人或其指定银行所在地。

八、货物的检验条款

货物的检验是指由货物检验机关对进出口货物的品质、数量、重量、包装、标记、产地、残损等进行查验分析与公证鉴定，并出具检验证明。检验条款的主要内容包括检验机构、检验权与复验权、检验与复验的时间与地点、检验标准与方法以及检验证书。在国际贸易中，检验机构主要有官方检验机构、产品的生产或使用部门设立的检验机构、由私人或同业协会开设的公证行或鉴定行。检验权与复验权的归属，以及检验与复验的时间、地点，在国际货物买卖中通常由当事人在合同中约定。检验的标准与方法，在国际贸易实践中通常有以下几种：按买卖双方商定的标准方法、按生产国的标准和方法、按进口国的标准和方法、按国际标准或国际惯用的方法。检验证书是检验机构出具的证明商品品质、数量等是否符合合同要求的书面文件，是买卖双方交接货物、议付货款并据以进行索赔的重要法律文件。应按照合同的具体约定出具符合合同要求或某些国家特殊法律规定的检验证书。

九、不可抗力条款

不可抗力条款是指合同订立以后发生的当事人订立合同时不能预见的、不能避免的、人力不可控制的意外事故，导致合同不能履行或不能按期履行，遭受不可抗力的一方可由此免除责任，而对方无权要求赔偿。一般来说，不可抗力来自两个方面：自然条件和社会条件。前者如水灾、旱灾、地震、海啸、泥石流等；后者如战争、暴动、罢工、政府禁令等。不可抗力是一个有确切含义的法律概念，并不是所有的意外事故都可构成不可抗力。有时当事人在合同中改变了不可抗力概念通用的含义，因此需要在合同中定明双方公认的不可抗力事故。

十、仲裁条款

仲裁条款是双方当事人自愿将其争议提交给第三者进行裁决的意思表示。仲裁条款的主要内容有：仲裁机构、适用的仲裁程序规则、仲裁地点及裁决效力。在国际贸易实践中，仲裁机构、仲裁地点都由双方约定产生，仲裁程序规则一般由选择的仲裁机构决定，裁决效力一般是一次性的、终局的，对双方都有约束力，凡订有仲裁协议的双方，不得向法院提起诉讼。

十一、法律适用条款

国际贸易货物买卖合同是在营业地分处不同国家的当事人之间订立的，由于各国政治、经济、法律制度不同，就产生了法律冲突和法律适用问题。当事人应当在合同中明确宣布合同适用哪国法律。

➡ 任务实施

任务：2018 年 8 月，吉林某进出口公司（以下简称"A"）同美国买家（以下简称"B"）签订了绿豆出口合同，合同金额 320 000.00 美元，价格条款为 CIF，支付方式是 L/C 即期。2018 年 9 月，在接到 B 开来的信用证后，A 安排货物，通过国内运输公司（以下简称"C"）运往天津口岸。在运输途中，由于发生泥石流而引起道路阻塞，直接导致货到天津港时已经错过了信用证规定的装船期。接到延误通知后，A 即与 B 协商，要求 B 将信用证有效期和装船期同时向后顺延 15 天。B 回电同意 A 的修改请求，但由于此时国际市场上绿豆的价格已大幅下跌，B 同时要求 A 将货价降低 15%。在一番争取之后，A 考虑到国际市场的现实变化，最终同意降价 12%，为此损失 38 400.00 美元。事后，A 作为托运人向承运人 C 提出索赔。对此，C 引用《合同法》，认为自己并未引起货物毁损或灭失，造成延期到达的原因属不可抗力，非 C 可以改变，所以不接受索赔。请问，整个事件的焦点在哪里？C 的处理是否有问题？

任务评价

评价内容	评价标准	权重	分项得分
任务完成情况	本案例的焦点在于，在 CIF 贸易术语下买卖双方和承运人的责任义务： 1. 卖方需承担货物越过船舷前的一切风险，而买方则相应承担货物越过船舷后的一切风险。仔细分析后发现该案例存在一个很明显的特点，即 A 处于内陆而其所选取的却是 CIF 贸易术语。在 CIF 术语下，A 负责办理水上运输保险，而不包括各种运输险。 2. A 向 C 索赔不合理。《合同法》第 311 条规定，C 对运输过程中货物的毁损、灭失是因不可抗力、货物本身的自然性质或合理损耗以及托运人、收货人的过错造成的，不承担损害赔偿责任。在该案例中，C 由于不可抗力的原因导致延期交货，因此 C 不承担货物延期的责任。 3. 风险的规避。本案例属于内陆出口，然而在选择贸易术语时却选择了水上运输术语 CIF。A 办理的是海上运输保险，而从内陆到港口这段距离的运输风险却没有考虑。在货物装上 C 的运输工具时，A 丧失对货物的实际控制权而仍承担越过船舷前的一切风险。因此在内陆出口的情况下可以选择 CIP，在该术语下，风险转移以货交承运人为界，即在卖方将货物交给承运人时，所有风险都转交给了承运人，实现了货物和风险的同时转移	80％	
职业素养	完成任务的态度，与所学知识的结合效果	20％	
总分			评价者签名：

任务三　进出口商品价格

创设情境

在国际贸易中，进出口商品价格是影响能否顺利成交的决定因素之一，具有重要的作用。

知识准备

一、影响成交价格的因素

在对外贸易中，我国进出口商品的作价规则是，在贯彻平等互利原则的基础上，根据国际市场价格水平，结合国别（地区）政策，并按照经营意图确定适当的价格。由于价格构成因素不同，影响价格变化的因素也是多种多样的。因此，在确定进出口商品价格时，必须充分考虑影响价格的种种因素，加强成本和盈亏核算，并注意同一商品在不同情况下应有合理的差价。

确定进出口商品价格除遵循上述原则外还应考虑下列因素。

（一）交货地点和交货条件

在国际贸易中，由于交货地点和交货条件不同，买卖双方承担的责任、费用和风险也不同，在确定进出口商品价格时，必须首先考虑这一因素。例如，在同一距离内成交的同一商品，按成本、保险费加运费（Cost，Insurance and Freight，CIF）条件成交与按目的地交货（Delivered at Place，DAP）条件成交，其价格应当不同。

（二）运输距离

国际商品买卖，一般都要经过长途运输，运输距离的远近关系到运费和保险费的开支，从而影响商品价格。因此，在确定商品价格时，必须核算运输成本，做好比价工作。

（三）商品的品质和档次

在国际市场上，一般都是按质论价，即优质高价，劣质低价。品质的优劣，包装的好坏，款式的新旧，商标、牌名的知名度等，都影响商品价格。

（四）季节因素

在国际市场上，某些节令性商品，如赶在节令前到货，抢先应市，即能卖上好价。过了节令，商品往往售价很低，有的甚至会以低于成本的"跳楼价"出售。因此，应充分利用节令因素，争取按有利的价格成交。

（五）成交量

按照国际贸易的习惯，成交量的大小直接影响价格。成交量大，在价格上应予适当优惠，或采用数量折扣办法；反之，成交量小，则可适当提价。

（六）支付条件和汇率变动的风险

支付条件是否有利和汇率变动风险的大小都影响商品的价格。例如，在其他条件相同的情况下，采取预付货款方式和采取凭信用证付款方式，其价格应有区别。同时，确定商品价格时，一般应采用对自身有利的货币成交。如采用对自己不利的货币成交时，应把汇率风险考虑到商品价格中，即适当降低买价。

二、进出口商品价格的费用构成

（一）出口商品价格的费用构成

（1）进货成本费（或出厂价格）；

（2）国内运费；

（3）商品包装费；

（4）仓储费用（包括火险费和挑选、整理、加工费）；

（5）商品检验费；

（6）出口关税；

（7）出口报关手续费；

（8）货运保险费；

（9）办理托运、结汇及签发所需单证的手续费及其他各种杂费（码头捐、衡量费、装卸费、业务通信费等）；

（10）毛利润；

（11）中间商佣金。

（二）进口商品价格的费用构成

以船上交货（Free on Board，FOB）成交条件为例，主要包括：

（1）从装运港至目的港的海运运费；

（2）从装运港至目的港的保险费；

（3）支付给中间商的佣金；

（4）目的港装卸费用，包括卸货费、驳船费、港务费、码头包租费等；

（5）进口关税以及海关代征税；

（6）银行费用，如开证费、结汇手续费；

（7）进口商品的检验费和其他公证费；

（8）提货费，包括码头开箱费；

（9）国内运输费；

（10）外贸公司代理进口费；

（11）其他费用。

三、价格术语之间的换算

（一）FOB 价换算为其他价

换算公式如下：

$$CFR 价＝FOB 价＋运费$$
$$CIF 价＝FOB 价＋运费＋保险费$$
$$CIF 价＝（FOB 价＋运费）／［1－保险费率×（1＋保险加成率）］$$

（二）CFR 价换算为其他价

换算公式如下：

$$FOB 价＝CFR 价－运费$$

$$CIF 价＝CFR 价/ [1－保险费率× （1＋保险加成率）]$$

（三）CIF 价换算为其他价

换算公式如下：

$$FOB 价＝CIF 价× [1－保险费率× （1＋保险加成率）] －运费$$
$$CFR 价＝CIF 价× [1－保险费率× （1＋保险加成率）]$$

四、佣金与折扣

（一）佣金

（1）定义。佣金是代理人或经纪人为委托人进行交易而收取的报酬。

（2）表示方法。用文字表示。例如：US $ 335 per metric ton CIF New York including 2％ commission。在贸易术语后加 C 并注明百分比。例如：US $ 335 per metric ton CIF C2％ New York。

（3）佣金的计算。

佣金率：最常见的是以合同价格直接乘以佣金率，得出佣金额，例如，CIF C3％每公吨 1 000 美元，佣金额为 1 000×3％＝30 美元；

计佣基础：也可规定 CIF C3％以 FOB 值计算。这样在计付佣金时，则以 CIF 价减去运费、保险费，求出 FOB 值，然后乘以 3％，就可得出佣金额。

佣金计算公式如下：

$$单位货物佣金额＝含佣价×佣金率$$
$$净价＝含佣价－单位货物佣金额$$

如佣金额计算的基数是含佣价，净价换算含佣价的计算公式为：

$$含佣价＝净价/ （1－佣金率）$$

值得注意的是，如在洽商交易时，我方报价为 10 000 美元，对方要求 3％的佣金，在此情况下，我方改报含佣价，按上述公式算出应为 10 309.3 美元，这样才能保证实收 10 000 美元。

（二）折扣

（1）定义。折扣是卖方按照原价给买方以一定的减让。

（2）表示方法。一般用文字表示。例如：US $ 300 per metric ton FOB Shanghai less 2％ discount。

说明：在实践中除非事先另有约定，如果有关价格条款中对佣金或折扣未作表示，通常理解为不含佣金或不给折扣的价格（即净价）；如净价成交，可在价格条款中明确表明"净价"字样，例如：US $ 300 per metric ton FOB Shanghai net。

五、盈亏的核算

（一）出口商品换汇成本

外贸企业在每笔出口交易中，应力求做到某出口商品的换汇成本不高于单位外汇收入的兑换率（银行外汇买入价）。

出口商品换汇成本（换汇率）的计算公式如下：

$$换汇成本=\frac{出口总成本（人民币）}{FOB出口外汇净收入（美元）}$$

（二）出口商品盈亏率

出口商品盈亏率计算公式如下：

$$出口商品盈亏额=（出口外汇净收入×银行外汇买入价）-出口商品总成本（退税后）$$

$$出口商品盈亏率=\frac{出口商品盈亏额（人民币）}{出口商品总成本（人民币）}×100\%$$

（三）出口创汇率

出口创汇率计算公式如下：

$$外汇增值率=\frac{（成品出口外汇净收入-原材料外汇成本）}{原材料外汇成本}×100\%$$

➡ 任务实施

任务：某公司一批出口货 CFR 价为 1 980 美元，现客户来电要求按 CIF 价加 20％投保海上一切险，如保险费率为 2％，该公司应向客户补收多少保险费？

➡ 任务评价

评价内容	评价标准	权重	分项得分
任务完成情况	CIF 价＝CFR 价/[1-保险费率×（1＋保险加成率）]，保险费＝保险金额×保险费率＝CIF 价×保险费率×（1＋保险加成率）； 所以，保险费＝CFR 价×保险费率×（1＋保险加成率）/[1-保险费率×（1＋保险加成率）]＝1 980×（1＋20％）×2％/（1-120％×2％）＝48.69（美元）。保险费取整应为 49 美元	80％	
职业素养	完成任务的态度，与所学知识的结合效果	20％	
总分			评价者签名：

项目十二 国际物流运输业务

📨 项目描述

国际物流运输业务基本内容的介绍。

◎ 学习目标

通过本项目的学习，能够掌握国际物流中常用的运输方式和单据。

💬 学习任务

能够完成对国际物流运输业务的认知。

任务一 常用运输方式

🔁 创设情境

在国际物流业务中，运输业务非常重要，需要针对不同的情况进行分析，找出最合适的运输方式。

🔁 知识准备

一、海洋运输

在国际物流运输中，运用最广泛的是海洋运输。

（一）海洋运输的特点

目前，海运量在国际货物运输总量中占 80％以上。海洋运输之所以被如此广泛采用，是因为它与其他国际货物运输方式相比，具有明显的优点：

（1）通过能力大。海洋运输可以利用四通八达的天然航道，而火车、汽车受轨道和道路等的限制较多。

（2）运量大。海洋运输船舶的运输能力，远远大于铁路运输车辆。如一艘万吨船舶的载重量一般相当于 250～300 个车皮的载重量。

（3）运费低。按照规模经济的观点，因为运量大，航程远，分摊于每货运吨的运输成本就少，因此运价相对低廉。

海洋运输虽有上述优点，但也存在不足之处。例如，海洋运输受气候和自然条件的影响较大，航期准确率低，而且风险较大。此外，海洋运输的速度也相对较慢。

（二）海洋运输主要航线

（1）北大西洋航线：1）西欧（鹿特丹、汉堡、伦敦、哥本哈根、圣彼得堡，北欧的斯德哥尔摩、奥斯陆等）—北大西洋—北美洲东岸（纽约、魁北克等）；2）南岸（新奥尔良港，途经佛罗里达海峡）。

（2）亚欧航线也叫苏伊士运河航线：东亚（横滨、上海、香港等港口，途经台湾、巴士海峡等）；东南亚（新加坡、马尼拉等）—马六甲海峡—印度洋（南亚科伦坡、孟买、加尔各答、卡拉奇等）—曼德海峡（亚丁）—红海—苏伊士运河（亚历山大）—地中海（突尼斯、热那亚）—直布罗陀海峡—英吉利（多佛尔）海峡—西欧各国。

（3）好望角航线：西亚（阿巴丹等，途经霍尔木兹海峡）；东亚；东南亚；南亚—印度洋—东非（达累斯萨拉姆）—莫桑比克海峡—好望角（开普敦）—大西洋—西非（达咯尔）—西欧。载重量在 25 万吨以上的巨轮无法通过苏伊士运河，需绕过非洲南端的好望角。

（4）北太平洋航线：亚洲东部、东南部—太平洋—北美西海岸（旧金山、洛杉矶、温哥华、西雅图等），是亚洲同北美洲各国间的国际贸易航线，随着东亚经济的发展，这条航线上的贸易量不断增加。

（5）巴拿马运河航线：北美洲东海岸—巴拿马运河（巴拿马城）—北美洲西海岸各港口，是沟通大西洋和太平洋的捷径，对美国东西海岸的联络具有重要意义。

（6）南太平洋航线：亚太地区国家（悉尼、惠灵顿）—太平洋（火奴鲁鲁）—南美洲西海岸（利马、瓦尔帕莱索等）往来的通道。

（7）南大西洋航线：西欧—大西洋—南美洲东海岸（里约热内卢、布宜诺斯艾利斯等）的海上通道。

（8）北冰洋航线：东亚（符拉迪沃斯托克）—太平洋—白令海峡—北冰洋—北欧（摩尔曼斯克）—大西洋—西欧。

其中（1）～（4）这 4 条航线是世界上比较繁忙的航线，北大西洋航线是世界最繁忙的海上运输路线，好望角航线是石油运量最大的航线，被称为西方国家的海上生命线。

二、铁路运输

在国际物流运输中，铁路运输是仅次于海洋运输的主要运输方式，海洋运输的进出口货物，也大多是依靠铁路运输进行货物的集中和分散的。

（一）铁路运输的特点

铁路运输一般不受气候条件的影响，可保障全年正常运输，而且运量较大，速度较快，有高度的连续性，运转风险也较小。办理铁路货运手续比海洋运输简单，而且发货人和收货人可以在就近的始发站（装运站）和目的站办理托运和提货手续。

（二）国际铁路运输主要干线

（1）西伯利亚大铁路：东起符拉迪沃斯托克，途经伯力、赤塔、伊尔库茨克、新西伯利亚、鄂木斯克、车里雅宾斯克、古比雪夫，止于莫斯科，全长 9 300 多千米。后又向远东延伸至纳霍德卡—东方港。该线东连朝鲜和中国，西接北欧、中欧、西欧各国，南由莫斯科往南可接伊朗。我国与俄罗斯、东欧国家及伊朗之间的贸易，主要用此干线。

（2）加拿大连接东西两大洋铁路：1）鲁珀特港—埃德蒙顿—温尼伯—魁北克（加拿大国家铁路）；2）温哥华—卡尔加里—温尼伯—散德贝—蒙特利尔—圣约翰—哈利法克斯（加拿大太平洋大铁路）。

（3）美国连接东西两大洋铁路：1）西雅图—斯波坎—俾斯麦—圣保罗—芝加哥—底特律（北太平洋铁路）；2）洛杉矶—阿尔布开克—堪萨斯城—圣路易斯—辛辛那提—华盛顿—巴尔的摩（圣菲铁路）—洛杉矶—图森—帕索—休斯敦—新奥尔良（南太平洋铁路）；3）旧金山—奥格登—奥马哈—芝加哥—匹兹堡—费城—纽约（联合太平洋铁路）。

（4）中东—欧洲铁路：从伊拉克的巴士拉向西经巴格达、摩苏尔、穆斯林米亚、阿达纳、科尼亚、厄斯基色希尔至博斯普鲁斯海峡东岸的于斯屈达尔。过博斯普鲁斯大桥至伊斯坦布尔，接巴尔干铁路，向西经索菲亚、贝尔格莱德、布达佩斯至维也纳，连接中、西欧铁路网。

（三）中国的境外铁路运输

中国的境外铁路运输大致分为两种：一种是国际铁路联运，另一种是对港澳地区的铁路运输。

（1）国际铁路联运。发货人由始发站托运，使用一份铁路运单，铁路方面根据运单将货物运往终点站交给收货人。在由一国铁路向另一国铁路移交货物时，不需收货人和发货人参加，亚欧各国按国际条约承担国际铁路联运义务。我国通往欧洲的国际铁路联运线有两条：一条是利用俄罗斯的西伯利亚大铁路贯通中东、欧洲各国；另一条是由江苏连云港经新疆与哈萨克斯坦铁路连接，贯通俄罗斯、波兰、德国至荷兰的鹿特丹。后者称为新亚欧大陆桥，运程比海运缩短 9 000 千米，比经由西伯利亚大铁路缩短 3 000 千米，进一步推动了我国与欧亚各国的经贸往来，也促进了我国沿线地区的经济发展。

（2）对港澳地区的铁路运输。对港澳地区的铁路运输按国内运输办理，但又不同于一般的国内运输。货物由内地装车至深圳中转和香港卸车交货，为两票联运，由外运公司签发货物承运收据。京九铁路和沪港直达通车后，内地至香港的运输更为快捷，但货物在内地和香港间进出，需办理进出口报关手续。对澳门地区的铁路运输，是先将货物运抵广州南站再转船运至澳门。

三、航空运输

（一）航空运输的特点

航空运输是一种现代化的运输方式，它与海洋运输、铁路运输相比，具有运输速度快、货运质量高，且不受地面条件的限制等优点。因此，它最适宜运送急需物资、鲜活商品、精密仪器和贵重物品。

（二）国际航空运输主要航线

（1）西欧—北美间的北大西洋航线。该航线主要连接巴黎、伦敦、法兰克福、纽约、芝加哥、蒙特利亚等航空枢纽。

（2）西欧—中东—远东航线。该航线连接西欧各主要机场至远东的香港、北京、东京等机场，并途经雅典、开罗、德黑兰、卡拉奇、新德里、曼谷、新加坡等重要航空站。

（3）远东—北美间的北太平洋航线。这是北京、香港、东京等机场经北太平洋上空至北美西海岸的温哥华、西雅图、旧金山、洛杉矶等机场的航线，并可延伸至北美东海岸的机场。太平洋中部的火奴鲁鲁是该航线的主要中继加油站。

此外，还有北美—南美、西欧—南美、西欧—非洲、西欧—东南亚—澳新、远东—澳新、北美—澳新等重要国际航线。

⇄ 任务实施

任务：完成表 12 - 1 的填写。

表 12 - 1　各类运输方式的优缺点

运输方式	优点	缺点	适用情况
海洋运输			
铁路运输			
航空运输			

📎 任务评价

评价内容	评价标准	权重	分项得分
任务完成情况	海洋运输优点：（1）通过能力大；（2）运量大；（3）运费低。 海洋运输缺点：受气候和自然条件的影响较大，航期准确率低，而且风险较大。海洋运输的速度也相对较慢。 适用情况：路途较远、港口间运输、大批货物、无时间要求。 铁路运输优点：一般不受气候条件的影响，可保障全年正常运输，而且运量较大，速度较快，有高度的连续性，运转风险也较小。办理铁路货运手续比海洋运输简单。 铁路运输缺点：受轨道限制较大。 适用情况：路途较远、运量较大、符合铁路轨道条件的地区。 航空运输优点：运输速度快、货运质量高，且不受地面条件的限制等。 航空运输缺点：成本高，受天气影响较大。 适用情况：运送急需物资、鲜活商品、精密仪器和贵重物品	80%	
职业素养	完成任务的态度，与所学知识的结合效果	20%	
总分			评价者签名：

任务二　常用运输单据

📎 知识准备

一、海运提单

（一）海运提单的定义

海运提单是船方或其代理人在收到其承运的货物时签发给托运人的货物收据，也是承运人与托运人之间的运输契约证明，在法律上具有物权证书的效用。收货人在目的港提取货物时必须提交正本提单。海运提单是出口单据中最主要的单据之一。如图 12-1 所示。

（二）海运提单的用途

海运提单可作为货物收据、运输契约证明、货权凭证。

Shipper	中国远洋运输公司 B/L:			
———————————————	CHINA OCEAN SHIPPING COMPANT			
Consignee	**COSCO**			
———————————————				
Notify Party				
———————————————				

Pre-cariage by	Place of Receipt
———————————	———————————
Ocean vessel Voy.No.	Port of Loading
———————————	———————————
Port of Discharge	Place of Delivery
———————————	———————————

Container No.	Seal No. Mmarks & Nos.	No.of Containers OR P'kgs	Kind of Packages ;Description of Goods Final Destination for the Goods-not the Ship	G.W	Measurement
Total:					

FERIGHT & CHARGES	Revenue Tons	Rate	Per	Prepaid	Collect

Ex.Rate:	Prepaid at	Payable at	Place and Date of issue
	Total Prepaid	No.of Original B(s)/L	Signed for the Carrier
Date	By_____	中国远洋运输公司的印章 ×××	

图 12-1 海运提单

(三) 海运提单的内容及缮制

在信用证支付方式下,提单的缮制应严格按照信用证的规定进行。

(1) 托运人 (Shipper/Consignor)。此栏填写托运人名称。托运人指委托运输的人,一般填写进出口公司的名称(即信用证中的受益人),也可根据信用证的要求以某一第三者作为托运人。

(2) 收货人 (Consignee)。此栏填写收货人名称。此栏必须严格按照信用证的规定"按不同的抬头形式"分别填制。

1) 记名提单，在此栏直接填写指定公司的名称。如来证要求：Full Set of B/L Consigned to Tokyo Trading Company，则在收货人一栏填 Consigned to Tokyo Trading Compaany。

2) 指示提单：指示分为空白指示和记名指示。

A. 空白指示：如来证要求"Full set of B/L Made out to Order"时"Consignee"一栏则填 to Order。

B. 记名指示：如来证要求"B/L Issued to Order of Applicant"，此时 Applicant 为 Tokyo Trading Company，则此栏填 to Order of Tokyo Traeing Company 或 to Tokyo Trading Company's Order。

不能只填 to Oredr of Applicant，应显示 Applicant 的具体名称。如"B/L Made out to Our Oredr"，查 Our 为开证银行 ABC Bank，则此栏填写 to Order of ABC Bank 或 to ABC Bank's Order。

3) 不记名提单：在此栏既不填收货人名称，也不填指示、凭某人指示等，而直接填"to Bearer"（交与持有人）。此种提单，承运人应将货物交付给提单持有人。谁持有提单，谁就可以提货。

(3) 被通知人（Notify Party）。此栏填被通知人名称。被通知人是货物到达目的港时船方发送到货通知的对象，通常是货物的进口人或其代理。提单的被通知人须按来证规定填写，来证没有规定时，可将开证人作为被通知人。具体要注意以下两点。

1) 如"收货人"栏已填"to Order of ×××"，被通知人在信用证中又没有规定被通知人时，此栏可以不填。

2) 当来证要求两个或两个以上的公司作为被通知人时，应将两个或两个以上公司的名称全部填写在此栏中，若此栏太小填不下，可在结尾部分标记"＊"，然后在提单"13栏"表示货物描述的空白处同样标记"＊"，接着填上相关内容。这一方法对其他栏的填写也适用。

(4) 前程运输（Pre-carriage by）。如果货物需转运，则此栏填写第一程船的船名；如果货物不需转运，则此栏不填。

(5) 收货地点（Place of Receipt）。如果货物需转运，则此栏填写收货的港口名称或地点；如果货物不需转运，则此栏不填。

(6) 船名、航次（Ocean Vessel，Voy. No.）。如果货物需转运，则此栏填写第二程船的船名；如果货物不需转运，则此栏填写第一程船的船名。

(7) 装货港（Port of Loading）。如果货物需转运，则此栏填写中转港名称；如果货物不需转运，则此栏填写装运港名称。

(8) 卸货港（Port of Discharge）。此栏填写卸货港（指目的港）名称。

(9) 交货地点（Place of Delivery）。此栏填写最终目的地名称，如果货物最终目的地就是目的港，则此栏不填。

(10) 集装箱号（Container No.）。如果货物以集装箱转运，此栏填写集装箱号码；如果货物散装，则此栏不填。

(11) 封志号、唛头标记与号码（Seal No.，Marks & Nos.）。此栏应按照信用证和合同规定的唛头填写；如果无唛头，则填 N/M。如果以集装箱装运还需填集装箱锁号（又称封志号）。

（12）箱数或件数（No. of Containers or P'kgs）。此栏根据实际所装填写集装箱个数或装入集装箱内货物的外包装件数。

（13）货名（Description of Goods）。货物描述，除信用证另有规定外，只要打出货物的统称即可，不必详细列明商品的规格、成分等。通常运费支付方式也填在此栏内，根据信用证或合同的价格条件填写。如成交价格为 CIF（CIP）或 C&F（CFR），则应填"Frelght Prepaid"（运费已付），如成交价为 FOB，则应填"Freight Collect"（运费到付），以明确运费由谁支付。

（14）毛重（Gross Weight）。填写毛重，除信用证另有规定外，一般以千克为计重单位（kg）。

（15）尺码（Measurement）。填写总尺码，除信用证另有规定外，一般以立方米（m³）为计算单位，保留至小数点后两位。

（16）集装箱数或件数合计（大写）[Total Number of Containers or P'kgs（in Words）]。此栏用英语填写集装箱数或件数，件数是指本提单项下的商品总件数，必须与小写的件数相一致。

（17）正本提单份数 [No. of Original B（s）/L]。此栏应根据信用证的要求填正本提单需要的份数，如来证无明确要求或仅要求"Full Set"，可按实际所需份数填 1～3 份。

（18）提单签发的地点和日期（Place and Date of Issue）。此栏应填提单的签发地点和日期。地点应为装运地点，日期不得迟于信用证或合同规定的最迟装运日期。

（19）承运人签章（Signed for the Carrier）。此栏应填写船方的签名和印章，每张正本提单都必须有船方或其代理人的印章方为有效。公司收到提单后应仔细检查签章有无遗漏，同时注意信用证是否有提单必须手签的条款，如有此规定必须手签。

（20）提单号码（B/L No.）。此栏填写船公司编制的提单号码。

（21）特殊条款（Speclal Condition in B/L）。此栏应根据信用证或合同是否有提单上的特殊条款而填写。

如来证要求 B/L Must Show Invoice Value，Unit Price，Trade Terms and Contract No.，这是买方有意让新的买主或用户知道成交的情况，这对托运人无任何不利之处，直接在提单空白处填上发票号码、单价、贸易条件和合同号码即可。又如来证要求 Bill of Lading Must Indicate Full Name，Address and Telephone Number of the Carryivg Nessel's Agent in Dubai，这是买方要求提单必须显示船公司在迪拜的代理行名称、地址和电话号码，根据此情况，只需在提单的空白处直接填上船公司在迪拜的代理行名称、地址和电话号码即可。

（四）海运提单的背书

背书是实现提单转让的一种手段。提单经过背书后，提单本身所代表的物权便发生变化。转让提单也就是转让了货物所有权。

（1）背书的类型。

1）空白背书：背书人（提单转让人）仅在提单的背面签字盖章，而不注明被背书人

（提单受让人）的名称。经过空白背书的提单，其合法持有人有权直接向承运人要求提货，也可以在市场转让或作为银行的抵押品，无须再另行背书。

2）记名背书：背书人除在提单的背面签字盖章外，还须列明被背书人的名称。

（2）背书的方法。

1）指示提单：

A. 当收货人一栏填写凭指示（to Order）且空白背书时，只需由背书人即提单转让人为 SHIPPER 在提单的背面盖章、签字即可，而不需注明被背书人（提单受让人）的名称。

如来证要求"Full Set of Clean on Board Ocean Bills of Lading Made out to Order and Blank Endorsed…"，此时只需在提单背面盖上提单发货人（Shipper）的公司印章和法人代表签字即可。

B. 当收货人一栏填写记名指示（to ×××'s Order 或 to Order of ×××）时，由记名一方背书，此为记名指示背书。从理论上讲，发货不用背书，但实践上因为提单是一种可转让的证券，所以议付行一般都要求发货人背书。

具体做法：在提单面盖上提单转让人（Shipper）的公司印章和法人代表签字后，再加批注：to Order of ×××，此批注中的"×××"需根据信用证的具体内容填制，一般有3种：

to Order of Shipper＝to Order，此时应由 Shipper 背书；

to Order of Applicant 或其他公司，此时应由 Appkicant 或其他公司背书；

to Order of…Bank，此时应由银行背书。

此类提单如需转让或提货，提单持有人需得到上述 Shipper、Applicant or Bank 背书后才可转让。

如来证要求：Full Set of Clean on Board Bills of Lading Made out to Our Order，查 Our 即为开证银行 ABC Bank。在背书时，需在提单背面盖上转让人的印章后再打上 to Order of ABC Bank。提单持有人如需提货或转让，需得到 ABC Bank 同意并盖章背书后才能进行。

2）记名提单：当来证规定收货人抬头为"（to）×××"时，此为记名提单。记名提单的背书无明确规定，可由发货人空白背书。但记名提单是一种不可转让的单据，它不是物权凭证，而是一份货物收据和运输公司的证据，它只能由收货人提货，托运人不能转让，但收货人可以转让。

3）不记名提单：它是可以转让的单据，转让手续简便，无须作任何背书，只要把提单交付给受让人即可。这种提单由于买卖双方的风险较大，在国际贸易中很少使用。

➡️ 任务实施

任务：根据下列信用证材料缮制海运提单。

1. 信用证材料

ISSUE OF A DOCUMENTARY CREDIT

RECEIVED FROM：INDUSTRIAL BANK OF SINGAPORE

DESTINATION：BANK OF CHINA，THE NINGBO

SEQUENCE OF TOTAL：1/1

TERM OF DOC. CREDIT：IRREVOCABLE

DOC. CREDIT NUMBER：BSP322186

DATE OF ISSUE：MAY 12，2018

EXPIRY DATE：JUNE 22，2018 PLACE IN YOUR COUNTRY

APPLICANT：FTP FOOD CO.，LTD. NO. 680 CHINATOWN STREET，SINGA-PORE

BENEFICARY：NINGBO HENGFENG FOOD IMP ＆EXP CO. 5/F XIAOWEN STREET NINGBO CHINA

AMOUNT：CURRENC USD AMOUNT 24 000.00

AVAILABLE WITH/BY：ANY BANK BY NEGOTIATION

DRAFT AT…：AT 45 DAS' SIGHT

DRAWEE：INDUSTRIAL BANK OF SINGAPORE

PARTIAL SHIPMENT：ALLOWED

TRANSSHIPMENT：PROHIBITED

LOADING IN CHARGE：NINGBO PORT

FOR TRANSPORT TO：SINGAPORE PORT

LATEST DATE OF SHIP：JUNE 7，2018

DESCRIPTION OF GOODS：DEHYDRATED CARROT 20M/T CFR SINGAPORE USD 1 200.00 PER M/T

DOCUMENTS REQUIRED：

+FULL SET OF CLEAN ON BOARD OCEAN BILLS OF LADING MADE OUT TO THE ORDER OF INDUSTRIALBANK OF SINGAPORE MARKED "FREIGHT PREPAID" AND NOTIFY APPLICANT

2. 其他资料

提单号：RTT19267

货物总毛重：21 000.00kg

货物总件数：1 000CTN

货物总尺码：28.50m³

船名和航次：VICTORIA V. 551

唛头：ETP FOOD/MADE IN CHINA/NO. 1-UP

集装箱号码：SIHL125345/SEAL NO. E6758

提单签发日期：2018 年 6 月 3 日

提单签发地点：宁波

任务评价

评价内容	评价标准	权重	分项得分
任务完成情况	1. 认识海运提单及了解海运提单的用途（20分）； 2. 掌握海运提单的各项条款内容（20分）； 3. 准确、仔细审核题目中的信用证内容（30分）； 4. 熟练缮制海运提单（30分）	80%	
职业素养	完成任务的态度，与所学知识的结合效果	20%	
总分		评价者签名：	

二、报检单

（一）商品检验的含义

商品检验是指在国际贸易货物买卖中，对卖方交付的货物的质量、数量和包装进行检验，以确定货物是否符合合同要求。有时还对装运技术条件或货物在运输过程中发生的残损、短缺进行检验或鉴定，以明确事故的起因和责任的归属；货物的检验还包括根据法律和行政法规对某些进出口货物进行质量、数量、包装、卫生、安全等方面的强制性检验或检疫。进出口商品检验是买卖双方在交接货物过程中必不可少的重要业务环节。如表 12 - 2、表 12 - 3 所示。

表 12 - 2　中华人民共和国出入境检验检疫
出境货物报检单

报检单位（加盖公章）　　　　　　　　　　　　　　　　编号：＿＿＿＿＿＿

报检单位登记号：　　　联系人：　　　电话：　　　报检日期：　　年　月　日

发货人	（中文）				
	（外文）				
收货人	（中文）				
	（外文）				
货物名称 （中/外文）	H. S. 编码	产地	数量/重量	货物总值	包装种类及数量
运输工具 名称号码		贸易方式		货物存放地点	
合同号		信用证号		用途	
发货日期		输往国家 （地区）		许可证/审批号	
启运地		到达口岸		生产单位注册号	
集装箱规格、数量及号码					
合同、信用证中订立的对检验检疫条款的特殊要求		标记及号码		随附单据（画√或填补）	

续前表

		□合同 □信用证 □发票 □换证凭证 □装箱单	□厂验单 □包装性能结果单 □许可/审批文件 □ □
需要证单名称（画√或填补）			* 检验检疫费
□品质证书　　　＿＿正＿＿副 □质量证书　　　＿＿正＿＿副 □数量证书　　　＿＿正＿＿副 □兽医卫生证书　＿＿正＿＿副 □卫生证书　　　＿＿正＿＿副 □健康证书　　　＿＿正＿＿副		□植物检疫证书　＿＿正＿＿副 □熏蒸/消毒证书　＿＿正＿＿副 □出境货物换证凭单 □出境货物通关单 □ □	
报检人郑重声明： 1. 本人被授权报检； 2. 上列填写内容正确属实，货物无虚伪或冒用他人的厂名、 　标志、认证标志，并承担货物质量责任。 签名：＿＿＿＿＿＿＿		领取证单	
		日期	
		签名	

表 12 - 3　中华人民共和国出入境检验检疫
进境货物报检单

报检单位（加盖公章）　　　　　　　　　　　　　　　　　　　　　编号：＿＿＿＿＿＿＿＿

发货人	（中文）				
	（外文）				
收货人	（中文）				
	（外文）				
货物名称	H.S.编码	产地	数量/重量	货物总值	包装种类及数量
运输工具名称号码				合同号	
贸易方式		贸易国别（地区）		提运单号	
到货日期		启运国家（地区）		许可证/审批号	
卸毕日期		启运口岸		入境口岸	
索赔有效期		经停口岸		目的地	
集装箱规格、数量及号码					
合同订立的检验检疫 条款及要求		标记及号码		货物存放地点	
				用途	
随附单据（画√或填补）			检验检疫费		
□合同　　　　　□原产地证 □发票　　　　　□许可、审批文件 □提运单　　　　□到货通知 □兽医卫生证书　□装箱单 □植物检疫证书　□质保书 □动物检疫证书　□理货清单 □卫生证书　　　□磅码单 □验收报告　　　□			总金额 （人民币）		
			计费人		
			收费人		

续前表

报检人郑重声明:	领取证单	
1. 本人被授权报检;	日期	
2. 上列填写内容正确属实，货物无虚伪或冒用他人的厂名、标志、认证标志，并承担货物质量责任。 签名：＿＿＿＿＿＿＿＿	签名	

（二）商品报检的工作程序

（1）凡需办理出口检验的商品，发货人应备齐货物，打好包，刷上唛头，在装运前一定时间申请入境检验，出口单位报检时应填制商检机构统一印制的出口报检单。随附有关合同、发票装箱单和信用证等副本。

（2）商检机构接受出口单位的报检申请后，对所申请的检验商品根据申报资料进行检验，检验合格后发给出境货物通知单，出口单位须在规定期限内报关出口，超过期限的应重新报验。期限一般为：出口商品发证后两个月以内；易腐易变质的商品为发证后两个星期内，鲜活商品则须尽速出运。

（3）商检机构检验不合格的商品经过加工、整理后，可申请一次复验，复验合格，可以出口。

（三）出境货物报检单的含义及用途

（1）出境货物报检单是进出口企业列明进出口货物信息并向商检机构申请检验的单据。

（2）出境货物报检单的用途。根据我国《商检法》的规定，某些商品出口前，商检机构要对其进行强制性检验——法定检验。应实施商检的商品见《种类表》，凡列入该表的商品以及合同和信用证规定"由商品检验、检疫机构出具商检证书"的商品均需在出口报关前到商检机构申请商检。否则，凡属法定商检的商品，如果不提供出境货物通知单，海关不接受申报。非法定商检的但必须商检出证的高品，没有经过商检机构检验和发给相应证书的，有关银行不予以结汇。

（四）报检时需提交的单据

出境货物报检时需提交的单据有合同、商业发票、信用证、装箱单、磅码单、厂检单、换证凭单、包装性能结果单等。

（五）出境货物报检单的内容

（1）发货人：出口合同履行方，即卖方。

（2）收货人：合同的买方。

（3）货物名称：同信用证和合同中的货物名称。一般用中英文两种文字表示。

（4）H. S. 编码：商品税目编号。

（5）产地：货物的出产地。一般是 CHINA 或具体地名，如浙江省宁波市。

（6）数量/重量：计量单位。如重量，则为总净重。

（7）货物总值：与商业发票上的同一栏目一致。

（8）包装种类及重量：最大包装件数，与提单上的同一栏目一致。

（9）运输工具名称号码：运输工具的名称和编号，如船舶名称及航次等。

（10）贸易方式：同合同的贸易方式，如一般贸易等。

（11）货物存放地点：货物装船前的存放地点。

（12）合同号：合同号码。

（13）信用证号：如是信用证支付方式则填信用证号码，如是电汇则填"T/T"等。

（14）用途：填"其他"或不填。

（15）发货日期：预计出运日期（此栏一般由商检机构填写）。

（16）输往国家（地区）：目的地国家（地区）。

（17）许可证/审批号：如有则填许可号码，否则此栏不填。

（18）启运地：装运港名称。

（19）到达口岸：目的港。

（20）生产单位注册号：一般留空或由商检机构填写。

（21）集装箱规格、数量及号码：所装集装箱的数量，如 4×40' FCL。

（22）标记及号码：装船唛头，如无则填"N/M"。

（23）随附单据：如有随附单据，则在此栏中单据前的方框内打√。

（24）需要证单名称：按照信用证和合同在此栏所需单证前的方框内打√。

（25）报检人郑重声明：报检人声明的信息。

（26）编号和报检日期：编号由商检机构编制，如 3802002011869。报检日期按实际日期填写。

（六）注意事项

（1）报检人必须按照规定认真填写报检单，按照同一合同、发票、提单填写同一份报检单。做到书写工整，字迹清楚，不得随意涂改；项目填写齐全，译文准确，中英文内容一致，并加盖报检单位公章。

（2）报检人对所需检验检疫证书的内容如有特殊要求，应预先在报检单上申明。

（3）申请报检时应按规定预缴检验检疫费。

（4）报检人应预先约定抽样检验检疫和鉴定的时间，并提供进行抽样检验检疫和鉴定等必要的工作条件。

（5）报检人如因特殊原因需撤销报检时，需提交书面原因，然后办理撤销手续。

⇄ 任务实施

任务：根据下列资料填制出境货物报检单。

报检单位：宁波对外经济贸易公司

NINGBO FOREIGN TRADE CO.，LTD.

报检单位号：3302903

报检员/电话：李华明/87675436

报检货物：GLASS CLOCK

　　　　　2 000 个/2 800kg/200 箱/价值 USD 5 000.00/产地：宁波

唛头：N/M

合同号：WP98484

信用证号：KS747436

贸易方式：一般贸易

收货人：WOKA SAKAI CO.，LTD. OSAKA JAPAN

报检时间：2018 年 6 月 12 日

运输方式：FROM NINGBO TO OSAKA BY SEA 1×20'/TGHU9383783

预计装运时间：2018 年 6 月 18 日

商品编码：7020400908

报检单编号：33029487476283

任务评价

评价内容	评价标准	权重	分项得分
任务完成情况	1. 认识报检单及了解报检单的用途（20 分）； 2. 掌握报检单的各项内容（20 分）； 3. 准确、仔细审核题目所给的资料（30 分）； 4. 熟练缮制报检单（30 分）	80%	
职业素养	完成任务的态度，与所学知识的结合效果	20%	
总分		评价者签名：	

三、报关单

（一）报关的含义

按照《中华人民共和国海关法》的规定，出口货物必须通过设有海关的地方出境，出境前由出口货物的发货人或其代理人向海关如实申报，交验规定的单据文件，申请办理查验放行手续，这种手续叫作报关。

出口货物的发货人或代理人必须是海关准予注册的有权经营出口业务和代理出口企业办理报关手续的企业。报关人员须经海关培训考核，持有报关员证件才能办理报关事宜。

（二）报关工作程序

1. 出口货物提交海关监管

报关出口人在货物出境前须将货物运至海关指定的检查场所置于海关监管之下。未经海关许可，任何人不得装卸、提取、交付、续运、调换、开拆、取样、改装、移动、更换货物标记。

2. 填写出口货物报关单

出口货物报关单是申报出口手续的重要单据，必须依规定认真填写，不得漏报、虚报、拒报、迟报，更不能伪造。报关单填写的质量如何，直接影响报关工作能否顺利完成，以及海关对所报货物的征、减、免、验、放等环节的工作。如在递交报关单后，报关单位或报关员发现错误、疏漏或需要变更的情况时，应及时向海关递交更改申请单。

3. 海关查验

所有出口货物（除海关总署特准免验外）必须接受海关查验，以确定实际货物与所申报货物是否相符，是否能满足审价、征税的需要。验货地点一般在海关监管下的出口货物堆放场所（码头、车站、机场的仓库），也可以在海关同意的其他场所进行。查验货物时，报关员应按照海关指定的时间同海关人员到场验货，并负责搬货物，开拆和重封货物的包装，在必要时需协助海关对违规、走私案件进行调查。

4. 签印放行

海关在审核单证、验货后，未发现不正常情况，即通知报关单位照章纳税。报关员在规定时间内办理缴纳关税、其他税费或海关罚款手续后，海关在装货单上盖章放行。

有下列情况之一的，海关不予放行：

（1）单证、货物或商标上有政治性错误或有反动、黄色、丑恶内容的；

（2）单证不齐全或不符合规定的；

（3）限制进出口的货物或国内外有配额的出口货物而没有许可证的；

（4）货物的标记唛头、名称、品质规格、数量与单证所列不符的；

（5）违反贸易国别政策的，违反我国进出口政策、法令规定或经上级指示不准放行的。

（三）通关过程中的有关规定

《中华人民共和国海关对报关单位和报关员的管理规定》要求：

（1）凡须向海关办理报关的单位，必须持有国务院或省、自治区、直辖市有关主管部门批准的开业证件，并经向海关办理注册登记后才具有报关资格。凡需要向海关申请办理报关手续的企业，都应向海关提出书面申请，经海关审核批准后，发给"自理（或代理）报关单位注册登记证书"才可在所在关区各口岸海关办理报关手续。

（2）报关单位在向海关办理注册的同时，应根据海关要求选用报关员，并对报关员的行为承担法律责任。报关员必须经培训合格发给"报关员证"后，才可从事报关业务。报关单位的报关业务应由报关员负责办理，海关不接受任何其他人员的报关申请。

（3）报关单位必须将该单位的"报关专用章"和报关员的签字或印章式样送交主管海关备案。进出口货物报关单上必须盖有报关单位的印章和报关员的印章或签字，否则，海关不予受理。

（四）出口货物报关单的含义

出口货物报关单是出口企业在装运货物前向海关申报出口许可的单据，由出口企业填写，经海关审核、签发后生效，如表12-4所示。

表 12-4　中华人民共和国海关出口货物报关单

预录入编号				海关编号		
出口口岸		备案号		出口日期	申报日期	
经营单位		运输方式		运输工具名称	提运单号	
发货单位		贸易方式		征免性质	结汇方式	
许可证号	运抵国（地区）		指运港		境内货源地	
批准文号	成交方式	运费		保险费	杂费	
合同协议号	件数		包装种类	毛重（千克）		净重（千克）
集装箱号	随附单证				生产厂家	
标注唛码及备注						
备注： 随附单证号：						

项号	商品编号	商品名称、规格型号	数量及单位	最终目的国（地区）	单价	总价	币制	征免

税费征收情况

录入员	录入单位	兹声明以上申报无误并承担法律责任	海关审单批注及放行日期（签章）	
报关员		申报单位（签章）	审单	审价
单位地址			征税	统计
邮编	电话	填制日期	查验	放行

（五）出口货物报关单的用途

出口货物报关单是出口企业向海关提供的审核出口货物是否合法的凭据，也是海关据以征税的主要凭证，同时还是国家法定统计资料的重要来源。所以，出口企业要如实填写，不得虚报、瞒报、拒报和迟报，更不得伪造、篡改。

现行的纸质出口报关单上除"税费征收情况"及"海关审单批注及放行日期（签章）"等栏目外，其余均由发货人或其代理人填写。

（六）报关需提交的单据

出口单位或其代理在向海关提交出口货物报关单时要随附与该批货物有关的下列单据：

（1）出口发票；

（2）装箱清单；

（3）装货单或运单；

（4）出口收汇核销单；

（5）出口货物许可证和其他批件；

（6）商品检验证书；

(7) 出口货物退税单;

(8) 进料加工、来料加工、装配和补偿贸易业务在料、件进口时由海关核发的《登记手册》,在成品出口时须提请海关查验后在手册上作核销记录;

(9) 海关认为必要时应交验的贸易合同、产地证明和其他证明。

注:(1)(3)(4)(7)项为每批申报必须随附的文件,(2)(5)(6)(8)(9)项是否随附取决于业务性质。

报关单填写的要求:

(1) 填报的项目要准确齐全。

(2) 一般情况下,多种不同商品应分别填写。如多种不同商品需填报在一张报关单上,最多不能超过5项海关统计商品编码的货物。

(3) 报关单必须做到两相符,一是单单相符;二是单货相符,即报关单内容与实际出口货物相符。

(4) 因某种原因申报后需要更改,应填写报关单更正单,错什么,改什么。

报关单填写的注意事项:

(1) 不同托运单的货物不能填在同一报关单上。

(2) 不同贸易方式下成交的货物不能填在同一报关单上。

➡ 任务实施

任务:根据下列资料填制出口货物报关单。

信用证号:FLS-JHLC06

卖方:宁波海天进出口公司

买方:F. L. SMIDTH&CO., /S77, VIGERSLEV ALLE, DK-2600 VALBY, CO-PENHAGEN, DENMARK

启运港:NINGBO, CHINA

目的港:COPENHAGEN, DENMARK

合同号:JH-FLSSC06

发票号:JH-FLSINV06

是否允许转船、分批:允许转船,允许分批

出口口岸:宁波海关(3101)

船名、航次:YIXIANG V703

提单号:JH-FLSBL06

提单日期:2019年3月26日

申报日期:2019年3月24日

集装箱号:EASU9608490(一个40'集装箱)

NO. S OF PACKAGES	DESCRIPTION	QTY	UNIT PRICE	AMOUNT
260CTNS			FOB NINGBO, CHINA	
	LADY JUMPER	1 300PCS	USD11. 00	USD14 300. 00
	MANS JUMPER	1 300PCS	USD11. 00	USD14 300. 00

唛头：N/M

男、女羽绒短上衣的商品编码分别为 6201932102 和 6202133103

毛重：3 380kg 净重：3 300kg

出口收汇核销单编号：215157263

贸易方式：一般贸易

境内货源地：宁波（33029）

⇄ 任务评价

评价内容	评价标准	权重	分项得分
任务完成情况	1. 认识报关单及了解报关单的用途（20分）； 2. 掌握报关单的各项内容（20分）； 3. 准确、仔细审核题目中所给的资料（30分）； 4. 熟练缮制报关单（30分）	80%	
职业素养	完成任务的态度，与所学知识的结合效果	20%	
总分		评价者签名：	

项目十三 国际出口业务

📧 项目描述

出口业务流程。

◎ 学习目标

通过本项目的学习，了解国际物流出口业务的流程，并了解使用的单证。

📝 学习任务

学习缮制、审核和修改出口业务单证。

任务　出口业务单证

⇄ 创设情境

随着国际贸易的快速发展，国际物流作为物流业的一个重要组成部分，对国际贸易行业起着至关重要的作用。通过本任务的学习，理解并掌握国际出口业务流程，根据所提供的材料填制海运出口托运单和集装箱货物托运单。

⇄ 知识准备

一、备货、报验

备货工作是指卖方根据出口合同的规定，按质、按量准备好应交的货物，并做好申请报验和领证工作。

（一）备货

备货应注意以下问题。

1. 有关货物的问题

（1）货物的品质、规格：应按照合同的要求核实，必要时应进行加工整理，以保证货物的品质、规格与合同或信用证的规定一致；

（2）货物的数量：应保证满足合同或信用证对数量的要求，备货的数量应适当留有余地，万一装运时发生意外或损失，以备调换和适应舱容之用；

（3）备货的时间：应根据合同或信用证的规定，结合船期安排，以利于船货衔接。

2. 有关货物包装的问题

（1）尽量安排将货物装运到集装箱中或牢固的托盘上；

（2）必须将货物充满集装箱并做好铅封工作；

（3）集装箱中的货物应均匀放置且均匀受力；

（4）为了防止货物被盗，货物的外包装上应注明识别货物的标签或货物的品牌；

（5）由于运输公司按重量或体积计算运费，出口企业应尽量选择重量轻的小体积包装，以节省运输费用；

（6）对于海运货物的包装，应着重注意运输途中冷热环境变化出现的潮湿和冷凝现象；

（7）对于空运货物的包装，应着重注意货物被偷窃和被野蛮装卸的情况。

随着技术进步，自动仓储环境处理的货物越来越多，货物在运输和仓储过程中，通常由传送带根据条形码自动扫描分拣。

3. 有关货物外包装的运输标志问题

（1）刷制运输标志应符合有关进出口国家的规定；

（2）包装上的运输标志应与所有出口单据上对运输标志的描述一致；

（3）运输标志应既简洁又能提供充分的运输信息；

（4）所有包装上的运输标志必须用防水墨汁刷写；

（5）有些国家海关要求所有的包装箱必须单独注明重量和尺寸，甚至用公制，注明的语种或用英语或用目的国的语言；

（6）在运输包装上的运输标志大小尺寸要适中，使相关人员在一定距离内能够看清楚；

（7）运输标志应该至少在包装箱的四面都刷制，以防货物丢失；

（8）除了在外包装上刷制运输标志外，应尽量在所有的货运单据上标注相同的运输标志。

（二）报验

凡属于国家规定法检的商品，或合同规定必须经中国进出口商品检验检疫局出证的商品，在货物备齐后，应向商品检验局申请检验。只有取得商检局发给的合格检验证书，海关才准放行。经检验不合格的货物一律不得出口。

二、催证、审证和改证

（一）催证

在实际业务中，国外进口商在遇到市场发生变化或资金发生短缺的情况时，往往会拖延开证。对此，我方应催促对方迅速办理开证手续，特别是大宗商品交易或按买方要求而特制的商品交易，更应结合备货情况及时进行催证，必要时，也可请我方驻外机构或有关银行协助代为催证。

（二）审证

（1）从政策上审核；

（2）对开证银行资信的审查；

（3）对信用证的性质与开证行付款责任的审查；

（4）对信用证金额与货币的审查；

（5）对商品的品质、规格、数量、包装等条款的审查；

（6）对信用证规定的装运期、有效期和到达地点的审查；

（7）对单据的审查；

（8）对其他特殊条款的审查。

（三）改证

对国外来证的审核和修改，是保证顺利履行合同和安全迅速收汇的重要前提，出口企业必须给予足够的重视，认真做好审证工作。根据《跟单信用证统一惯例》的规定：未经开证行、保兑行和受益人同意，不可撤销信用，信用证既不能修改，也不能取消。因此，对不可撤销的信用证中的任何条款的修改，都必须在有关当事人全部同意后才能生效。

三、租船、 订舱和装运

在 CIF 或 CFR 条件下，租船订舱是卖方的责任之一。如出口货物数量较大，需要整船载运的，则要对外办理租船手续；对出口货物数量不大，不需整船载运的，则安排洽订班轮或租订部分舱位运输。

（1）各进出口公司填写托运单（B/N），作为订舱依据。所谓托运单，是指托运人根据贸易合同和信用证条款内容填写的向承运人办理货物托运的单证。承运人根据托运单内容，并结合船舶的航线挂靠港、船期和舱位等条件考虑，认为合适后，即接受这一托运，并在托运单上签章，留存一份，退回托运人一份，至此，订舱手续即告完成，运输合同即告成立。

（2）船公司或其代理人在接受托运人的托运单证后，即发给托运人装货单（S/O）。装货单又称下货纸。其作用有三：一是通知托运人货物已配妥某航次某船和装货日期，让其备货装船；二是便于托运人向海关办理出口申报手续，海关凭此验放货物；三是作为要求船长接受该批货物装船的通知。

（3）货物装船后，即由船长或大副签发收货单，即大副收据。收货单是船公司签发给托运人的表明货物已装船的临时收据。托运人凭收货单向外轮代理公司交付运费并换取正式提单。

报关是指进出口货物装船出运前向海关申报的手续。按照我国海关法的规定：凡是进出境的货物，必须经由设有海关的港口、车站、国际航空站进出，并由货物所有人向海关申报，经过海关放行后，货物才可提取或者装船出口。凡是按 CIF 价格成交的出口合同，卖方在装船前，须及时向保险公司办理投保手续，填制投保单。出口商品的投保手续，一般都是逐笔办理的。

做好"四排""三平衡"工作。"四排"是指以买卖合同为对象，根据进程卡片反映的情况，其中包括信用证是否开到、货源能否落实，进行分析排队，并归纳为四类，即"有证有货、有证无货、无证有货、无证无货"。"三平衡"是指以信用证为依据，根据信用证规定的货物装船期和信用证的有效期远近，结合货源和运输能力的具体情况，分清轻重缓急，力求做到证、货、船三方面的衔接和平衡，尽力避免交货期不准、拖延交货期或不交货等现象的发生。

四、制单结汇

出口结汇的办法通常有收妥结汇、押汇和定期结汇三种。

(1) 收妥结汇又称收妥付款，是指议付行收到外贸公司的出口单据后，经审查无误，将单据寄交国外付款行索取货款，待收到付款行将货款拨入议付行账户的贷记通知书时，即按当日外汇牌价，折成人民币拨给外贸公司。

(2) 押汇又称买单结汇，是指议付行在审单无误的情况下，按信用证条款买入受益人的汇票和单据，从票面金额中扣除从议付日到估计收到票款之日的利息，将余款按议付日外汇牌价折成人民币拨给外贸公司。

(3) 定期结汇是指议付行根据向国外付款行索偿所需时间，预先确定一个固定的结汇期限，到期后主动将票款金额折成人民币拨给外贸公司。

对于结汇单据，要求做到"正确、完整、及时、简明、整洁"。主要单据有汇票、发票、提单、保险单、产地证明书、普惠制单据、装箱单和重量单、检验证书。

五、理赔

卖方在处理索赔时，应注意下列几点：

(1) 要认真审核买方提供的单证和出证机构的合法性。对其检验的标准和方法也都要一一核对，以防买方串通检验机构弄虚作假或检验机构检验有误。

(2) 要认真做好调查研究，弄清事实，分清责任。

(3) 要合理确定损失程度、金额和赔付办法。

六、出口业务主要单证

(一) 托运单

出口货物托运是出口企业委托外运公司或其他有权受理对外货运业务的单位向承运单位及其代理人办理的运输业务。出口量大时，需要整船运输，出口人可委托办理租船；如果出口数量不大，则可委托代订班轮舱位或租订非班轮的部分舱位。

托运单又称订舱委托书，是发货人委托外运公司向船公司或其代理人办理货物托运的委托文件，它是出口人委托外运公司办理托运的依据，也是制作提单的依据。

海运运输有两种方式：传统散货运输和现代集装箱运输。两种运输方式分别使用不同格式的托运单。

1. 传统散货托运单的填制

传统散货运输通常填制海运出口托运单，如表 13-1 所示。

表 13-1　海运出口托运单

托运人　(1) NINGBO HUADONG FOOD CO., LTD
SHIPPER　NO. 18 DONG SHAN ROAD , NINGBO CHINA

编号
NO. (2)　　　　　　　　　　　　　　　　　　　船名 _____
FOR　(3) OSAKA, JAPAN　　　　　　　　　　　S/S　(2) EAST WIND V. 123

唛头标记与号码 MARKS & NOS. (4)	数量 QUANTITY (5)	货名 DESCRIPTION OF GOODS (6)	重量（千克）WEIGHT（KILOS）(7)	
TOKO MADE IN CHINA NO. 1-UP		1500CTNS/30000KGS OF FROZON PEAPODS	净 NET	毛 GROSS
			30 000kg	31 500kg
			运费付款方式	
共计件数（大写）TOTAL NUMBER OF PACKAGES (IN WORDS)：SAY ONE THOUSAND FIVE HUNDRED CARTONS ONLY			FREIGHT PREPAID	
运费计算		尺码 MEASUREMENT (8)	180.00m³	
备注（13）	1. 海关报关文件包括发票、装箱单、报关单及出口报关委托书；2. 付款方式：核销单在出口后 4 周内退回；3. 提单电放，请速开票。			
NOTIFY（12）通知	TOKO TRADE COR-PORATION 2-6-7, KAWARAMACHI, 1-CHOME, OSAKA, JAPAN	TRANSHIPMENT (9) 可否转船	NO	PARTIAL SHIPMENT (9) 可否分批　NO
CONSIGNEE（11）收货人	TO ORDER	DATE OF SHIPMENT (10) 装运期　JUNE 15, 2019		DATE OF EXPIRY (10) 有效期　JUNE 25, 2019
		金额	USD 30 600.00	提单张数　THREE
配货要求		银行编号		信用证号　H486-2001689

填制说明：

（1）托运人（Shipper）。此处一般填写出口合同的卖方，在信用证支付方式下应与信用证受益人的名称、地址一致。

（2）编号、船名（No.、S/S）。此为托运单的顺序编号，船名可留在船方安排船只舱位后填写。

（3）目的港（for）。按合同或信用证规定填写目的港的具体名称，遇世界重名港口时，应在港口名称后面加注国名。

（4）唛头标记与号码（Marks & Nos.）。本栏应按合同或信用证规定的内容和形式填写，如没有规定，可由出口商自己编制，没有唛头则填 N/M。

（5）数量（Quantity）。按最大包装实际数量填写，应与唛头中的数量一致。若货物有若干种类且采用不同的包装方式或材料，应分别填写每种货物的最大包装数量，并注明总数量。

（6）货名（Description of Goods）。本栏填写货物大类名称或统称，与发票（信用证）中的货名一致。Freight Collect（运费到付）或 Freight Prepaid（运费预付）也可借用此栏加以注明。

（7）重量（Weight）。本栏内容是计算船只受载吨位和运费的基础资料，以千克为单位，须分别填写整批货物的毛重和净重。若同一批货物中有若干性质、用途完全不同的货物或采用不同的包装方式或材料，应分别计算每一种类或包装的毛重和净重，并注明毛重和净重的合计数。重量的计量单位应统一，有的货物重量未以千克为计量单位计算的，则应将其他重量单位换算成千克。

（8）尺码（Measurement）。本栏填写整批货物的体积实数，以立方米为单位，是计算运费的主要依据之一，计算应务求准确。总尺码包括各件货物尺码之和及件与件之间堆码的合理间隙所占的空间体积。

（9）分批装运和转船（Partial Shipment，Transhipment）。本栏应严格按合同或信用证填写"允许"或"不允许"。若合同或信用证未规定，则根据惯例，认为是允许转船和分批装运的。

（10）装运期、有效期（Date of Shipment，Date of Expiry）。本栏应根据信用证规定的最迟装运期和议付有效期分别填写。

（11）Consignee（收货人）。此栏的填法有三种：记名抬头：to ×××或 to ×××Only；指示性抬头：空白指示：to Order，记名指示：to Order of ×××；空白抬头：to Bearer。

一般根据合同或信用证对提单的要求进行填写。这三种不同的抬头各有优缺点：记名抬头：比较安全，但不够灵活，不适合有中间商的贸易；空白抬头：因转让不需要背书，所以不够安全；指示性抬头：经过背书后可以转让，所以既安全又比较灵活。所以，此栏一般采用指示性抬头。

1）如信用证规定：Full Set Clean on Board Bills of Lading Made out to Order and Blank Endorsed，则此栏应填写：to Order。

2）如信用证规定：Full Set Clean on Board Ocean Bills of Lading Made out to the Order of Shipper/Applicant/Issuing Bank，则此栏应填写：to Order of Shipper/Applicant/Issuing Bank。（填入时应把 Applicant/Issuing Bank 划掉）

（12）通知（Notify）。本栏填写接收船方发出货到通知的人的名称与地址。本栏应尽可能详细填写，若在合同或信用证中有通知人的相应电话或传真号，也应填上。在合同项下，一般填写进口商；在信用证下，一般根据信用证对提单的要求填写。

（13）备注。本栏填写信用证中有关运输方面的特殊要求。

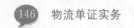

2. 集装箱货物托运单的填制

集装箱货物托运单与海运散货出口托运单基本相同，发货人在办理集装箱货物托运时，除应填写与海运散货出口托运单相似的内容外，还应标明托运货物的交接方式（如CY-CY、CFS-CFS等）和集装箱货物的种类（如普通、冷藏、液体等），如表 13-2 所示。

表 13-2 集装箱货物托运单

SHIPPER（托运人） NINGBO HUADONG FOOD CO. LTD NO. 18. DONGSHAN ROAD, NINGBO CHINA					
CONSIGNEE（收货人） TO ORDER			D/R NO.（编号） 362 集装箱货物托运单		
NOTIFY PARTY（被通知人） TOKO TRADE CORPORATION 2-6-7, KAWARAMACHI, 1-CHOME, OSAKA JAPAN					
PRE-CARRIAGE BY（前程运输）PLACE OF RECEIPT（收货地点）					
OCEAN VESSEL（船名）VOY. NO.（航次）PORT OF LOADING（装货港） EAST WIND V. 123NINGBO CHINA					
PORT OF DISCHARGE（卸货港） PLACE OF DELIVERY（交货地点） OSAKA JAPAN			FINAL DESTINATION（目的港） OSAKA JAPAN		
CONTAINER NO. （集装箱号）	SEAL NO. （封志号） MARKS&NOS. （唛头标记与号码） TOKO MADE INCHINA NO. 1-UP	NO. OF CONTAINERS OR P'KGS （箱数或件数） 1 500CTN	KIND OF PACKAGES; DESCRIPTION OF GOODS （包装种类与货名） FROZEN PEAPODS FREIGHTPREPAID	GROSS WEIGHT （毛重/千克） 31 500kg	MEASUREMENT （尺码/立方米） 180.00m³
TOTAL NUMBER OF CONTAINERS OF PACKAGES（IN WORDS） 集装箱数或件数合计（大写）		SAY ONE THOUSAND FIVE HUNDRED CARTONS ONLY			
FREIGHT & CHARGES （运费与附加费）	REVENUE TONS （运费吨）	RATE （运费率）	PER （每）	PREPAID （运费预付）	COLLECT （到付）
EX RATE（兑换率）	PREPAID AT（预付地点） NINGBO, CHINA	PAYABLE AT（到付地点）		PLACE OF LSSUE（签发地点） NINGBO, CHINA	
	TOTAL PREPAID （预付总额）	NO. OF ORIGINAL B（S）/L （正本提单份数）THREE			
SERVICE TYPE ON RECEIVING CY CFS DOOR	SERVICE TYPE ON DELIVERY CY CFS DOOR	REEREF-TEMPERATURE REQUIRED（冷藏温度）		℉	−18℃
TYPE OF GOODS （种类）	ORDINARY, REEFER, DANGEROUS, AUTO. （普通） （冷藏） （危险品） （裸装车辆） LIQUID, LIVE ANIMAL, BULK （液体） （活动物） （散货）		危险品	CLASS: PROPERTY: IMDG CODE PAGE: UN No.:	
可否转船 NO		可否分批 NO			
装期 JUNE 15, 2019		有效期 JUNE 25, 2019			
金额 USD 30 600.00					
制单日期					

（1）集装箱货物的装箱和交接方式（Service Type on Receiving/Delivery）：

1）集装箱的装箱方式：整箱货（Full Container Load，FCL）：表示集装箱中的货为一个货主所有。

拼箱货（Less than Container Load，LCL）：表示集装箱中的货为两个或两个以上的货主共同所有。

2）集装箱的交接方式：

集装箱货运站（Container Freight Station，CFS）：由承运人在货运站装箱，然后出运。

集装箱堆场（Container Yard，CY）：一般卖方已装箱的货物直接送到堆场发运。

集装箱运输路线：…CFS → CY… … … … CY → CFS…

在不同的集装箱装箱方式下，集装箱的交接方式主要有以下几种：

$$FCL/FCL \quad \rightarrow \quad CY/CY$$
$$LCL/LCL \quad \rightarrow \quad CFS/CFS$$
$$FCL/LCL \quad \rightarrow \quad CY/CFS$$
$$LCL/FCL \quad \rightarrow \quad CFS/CY$$

（2）集装箱货物的种类（Type of Goods）栏显示集装箱中所装货物的种类。如普通、冷藏、危险品、液体、活动物、散货等。由卖方根据货物的实际情况加以选择。

现代海上班轮货物运输杂货所占的比重越来越小，而集装箱货物运输所占的比重越来越大，该运输通常以场站收据（Dock Receipt）作为集装箱货物的托运单，并由发货人或其代理人缮制送交船公司或其代理人订舱，因此，托运单也就相当于订舱单。集装箱货物托运单通常由发货人的代理人填写，纸质托运单一式10联，具体如下：

第一联：集装箱货物托运单（货主留底）（B/N）（现在已不用）；

第二联：集装箱货物托运单（船代留底）（现在已不用）；

第三联：运费通知（1）（现在已不用）；

第四联：运费通知（2）（现在已不用）；

第五联：场站收据（装货单）（S/O）；

第五联附页联：缴纳出口货物港务费的申请书（由港区核算应收的港务费用）；

第六联：（浅红色）大副联（场站收据副本）；

第七联：（黄色）场站收据；

第八联：货代留底；

第九联：配舱回单（1）；

第十联：配舱回单（2）。

其中，第五联至第七联为集装箱托运单的核心单据。第五联是装货单，盖有船公司或其代理人的图章，是船公司发给船上负责人员和集装箱装卸作业区接受装货的指令，报关时海关查核后在此联盖放行章，船方（集装箱装卸作业区）凭以收货装船；第六联供港区在货物装船前交外轮理货公司，当货物装船时与船大副交接；第七联场站收据俗称黄联，在货物装上船后由船大副签字（通常由集装箱码头堆场签章），退回船公司或其代理人，据以签发提单。

（3）填制说明：

1）托运人（Shipper）。托运人是指委托运输的人，可以是合同的卖方，也可以是货主的代理人。该栏填写托运人的全称，包括地名、城市、国家名称以及联系电话和传真号码等。

2）收货人（Consignee）。一般来说，该栏有三种填法，即记名收货人、凭指示和记名指示。实务中，要看信用证怎么规定：记名收货人，即该栏填写实际的收货人或其货运代理人。例如：填写某个具体的公司，ABC CO.；凭指示，即填写 TO ORDER 字样即可；记名指示，即填写"to the order of ×××"，记名指示人（×××）可以是银行，也可以是贸易商。被通知人（Notify Party）一般为预定的收货人或其代理人，这一栏内容的填写应与信用证条款相一致。一般填写被通知人的详细名称和地址、联系电话和传真号码等内容。

3）前程运输（Pre-carriage by）。如果货物需转运，在这一栏中填写第一程船的船名；如果货物不需转运，则此栏不填。

4）收货地点（Place of Receipt）。如果货物需转运，填写收货的港口名称；如果货物不需转运，则此栏不填。

5）船名（Ocean Vessel）、航次（Voy. No.）。如果货物需转运，填写第二程船的船名和航次；如果货物不需转运，则填写实际运输船舶的船名和航次。

6）装货港（Port of Loading）。如果货物需转运，填写中转港口名称；如果货物不需转运，则填写装运港名称。

7）卸货港（Port of Discharge）。填写卸货港（目的港）的名称。

8）交货地点（Place of Delivery）。填写最终目的地名称。如果货物的目的地是目的港，则此栏不填。

9）集装箱号（Container No.）。该栏填写集装箱箱体两侧标示的全球唯一的集装箱编号。

10）封志号（Seal No.）、唛头标记与号码（Marks & Nos.）。封志号是装箱人装箱完毕后在集装箱门上加上的号码。托运单上一般不显示封志号，封志号一般在提单上显示。收货人提货时应检查封志号，检查集装箱门是否被打开过。该栏填写应与商业发票上的唛头完全一致。如果既无集装箱号，又无唛头，则填写"N/M"。

11）箱数或件数（No. of Containers or P'kgs）。此栏填写集装箱个数或装入集装箱内货物的外包装件数，例如：填报"500 CTNS"，同时要注明大写"SAY FIVE HUNDRED CARTONS ONLY"。对于不同包装种类的货物，混装在同一个集装箱内时，货物的总件数显示数字相加，包装种类用"Packages"表示。采用托盘包装的货物，一般除了填报托盘数外，还要填报托盘上的货物的总件数。例如：38 Pallets（S. T. C. 5216 Cartons），表示共计有 38 个托盘，5 216 箱货物。

12）包装种类与货名（Kind of Packages；Description of Goods）。本栏包括三个栏目，但无须分别填写。填写的内容包括：第一，商品名称；第二，最大包装的件数；第三，运费条款。商品名称、包装等内容应严格按照信用证的要求，做到"单单一致，单证一致，单货一致"。运费条款，一般有运费预付（Freight Prepaid）和运费到付（Freight Collect）。使用哪一种应根据价格术语来确定。当使用 CIF 或 CFR 时，应选择运费预付

（Freight Prepaid）；当采用 FOB 时，应采用运费到付（Freight Collect）。

13）毛重（Gross Weight）。该栏填写货物的毛重，以千克为计量单位，其内容应与报检单、报关单以及提单等保持完全一致。

14）尺码（Measurement）。填写实际货物的体积，一般以立方米为计量单位。

15）正本提单份数 ［No. of Original B（s）/L］。此栏显示的是船公司为承运此批货物所开具的正本提单的份数，一般是 1～3 份，每份提单的效力相同。

16）提单签发的地点（Place of Issue）。集装箱托运单上一般有提单签发的地点。

具体如表 13-3 所示。

表 13-3　集装箱货物托运单

Shipper（托运人）	D/R No.（编号）
	场站收据
Consignee（收货人）	Received by the Carrier the Total number of containers or other packages or units stated below to be transported subject to the terms and conditions of the carrier's regular form of Bill of Loading（for Combined Transport or port to Port Shipment）which shall be deemed to be incorporated herein. Date（日期）：
Notify Party（被通知人）	
Pre-carriage by（前程运输） Place of Receipt（收货地点）	
Ocean Vessel（船名） Voy. No.（航次） Port of Loading（装货港）	场站章：

Port of Discharge（卸货港）		Place of Delivery（交货地点）		Final Destination（目的地）		
—Particulars Furnished by Merchants—	Container No.（集装箱号）	Seal No.（封志号）Mark & Nos.（唛头标记与号码）	No. of Containers or P'kgs.（箱数或件数）	Kind of Packages; Description of Goods（包装种类与货名）	Gross Weight（毛重/千克）	Measurement（尺码/立方米）
	Total No. of Containers or Packages（in Words）集装箱箱数或件数合计（大写）					
Container No.（集装箱号）Seal No.（封志号）P'kgs.（件数）Container No.（集装箱号）Seal No.（封志号）P'kgs.（件数）						
					Received（实收） By Terminal Clerk（场站员签字）	

续前表

Freight & Charges	Prepaid at(预付地点)		Payable at(到付地点)		Place of Issue(签发地点)		
	Total Prepaid(预付总额)		No. of Original B(s)/L（正本提单份数）		Booking(订舱确认) Approved by		
Service Type on Receiving □ CY,□ CFS, □ DOOR		Service Type on Delivery □ CY,□ CFS, □ DOOR		Reefer Temperature Required. (冷藏温度)		℉	℃
Type of Goods （种类）	Ordinary, （普通）	Reefer, （冷藏）	Dangerous, （危险品）	Auto. （裸装车辆）	危险品	Class: Property: IMDG Code Page: UN No.:	
	Liquid, （液体）	Live Animal, （活动物）	Bulk （散货）				

（二）装箱单

装箱单又称包装单，主要用于说明包装情况，是信用证经常要求的单据之一。在装箱单中，对于重量、尺码，一般只体现累计总额。装箱单的主要作用是补充商业发票内容的不足，通过表内的包装件数、规格、唛头等项目的填制，明确阐明商品的包装情况，便于买方对进口商品包装及数量的了解和掌握，也便于国外买方在货物到达目的港时，供海关检查和核对货物。装箱单着重表现货物的包装情况，包括从最小包装到最大包装及使用的包装材料、包装方式等。而对于重量和尺码的内容，在装箱单中一般只体现其累计总额。

填制说明：

（1）出口公司中英文名称和详细地址（Name and Address of Exporter）。

（2）单据名称（Name of Document）：根据信用证和合同的要求填制，常见的英文表示法有：Packing List/Note，Weight List/Note，Measurement List/Note，Packing and Measurement List，Packing Note and Weight Note and Measurement 等。

（3）进口公司的名称和地址（Name and Address of Importer）：与发票上同一栏目相同。

（4）日期（Date）：与发票日期相同或略迟于发票日期。

（5）发票号（Invoice No.）。

（6）合同号（Contract No.）。

（7）起运地（From）：与发票或提单同一栏目相同。

（8）目的地（to）：与发票或提单同一栏目相同。

（9）信用证号码（L/C No.）：在信用证支付方式下，填制相应信用证号码，否则此栏不填。

（10）开证银行（Issuing Bank）：在信用证支付方式下，填制开证银行，否则此栏不填。

（11）唛头标记与号码：（Marks & Numbers）：与发票或提单上同一栏目相同。

（12）货名（Description）：填写商品名称，与发票上同一栏目相同。

（13）数量：（Quantity）：此栏填制运输包装单位的数量后自补充计价单位的数量，如 500CTNS/5000PCS。

（14）净重（Net Weight）：填写商品的总净重。

（15）毛重（Gross Weight）：填写商品总毛重。

（16）尺码（Measurement）：填写商品的总尺码。

注：第14项至第16项，有时客户要求同时显示单位净重、单位毛重和单位体积也应满足。

（17）出口公司盖章和签字（Name of Exporters）：此栏除出口公司名称外，还须加上公司负责人的签字或手签印章。

（18）特殊条款（Special Conditions）：如装箱单上有特殊条款，则打印在此栏。

（19）正本（Original）：如来证要求提供装箱单的正本，则须在单据名称下面或单据的右上角空白处打上或盖上 Original 字样。

具体如表13-4所示。

表13-4　装箱单

Ningbo Huadong Food Co. , Ltd.
No. 18 Dongshan Road, Ningbo China
Packing List
Original

to：Toko Trade Corporation，Osaka
2-6-7，Kawa Ramachi，1-Chome，Osaka Japan

Date：June 10，2001
Invoice No. ：HD21016
Contract No. ：BR2001218

from Ningbo China		to Oaka Japan	Letter of Credit No. H486-2001689		
Issued by Bank of Tokyo-mitsubishi Ltd，the Osaka Japan					
Marks & Numbers	Description of Goods	Quantity	Weight		Measurement
			Net	Gross	
Toko Made in China No. 1-up	Frozen Peapods	1 500ctn	30 000kg	31 500kg	180.00m³
L/C No. 3244					

Ningbo Huadong Food Co. ，Ltd.
张开明

装箱单主要是对商业发票的补充说明。一般不显示收货人、价格和装运情况，对货物内容的描述一般使用统称。包装条款一般包括包装材料、包装方式及包装规格等。装箱单可以出现特殊条款，主要根据信用证要求填写，如来证要求在装箱单中标明信用证号码、合同号码或特殊包装的说明文字等。

⇄ 任务实施 ---▼

任务：根据下列材料填写海运出口托运单和集装箱货物托运单。

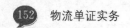

1. 信用证资料

BENEFICIARY：GREAT WALL TRADING CO.，LTD

123 SHENGLI ROAD SHANGHAI, CHINA

APPLICANT：YI YANG TRADING CORPORATION

88 MARSHALL AVE DONCASTER VIC 3108，CANADA

L/C NO.：WE4359856

AMOUNT：USD240 000.00

FROM SHANGHAI PORT TO MONTREAL PORT

PARTIAL SHIPMENTS：NOT ALLOWED

TRANSHIPMENT：NOT ALLOWED

DATE AND PLACE OF EXPIRY：NOV.25，2005 CHINA

LASTEST DATE OF SHIPMENT：NOV.10，2005

DESCRIPTION OF GOODS：COLOUR TELEVISION 48 INCHES，1 200PCS，USD200/PC CFR MONTREAL

FULL SET OF ORIGINAL MARINE BILLS OF LADING CLEAN ON BOARD PLUS 2 NON-NEGOTIABLE COPIES MADE OUT OR ENDORSED TO ORDER OF NATIONAL PARIS BANK 24 MARSHALL VEDONCASTER MANTREAL, CANADA AND NOTIFY APPLICANT.

2. 参考资料

D/R NO.：56788　船名、航次：PEAR V.397　装船日期：NOV.08，2005

SHIPPING MARKS：YI YANG

MONTREAL

C/NO. 1-300

集装箱号：COSU394875/7856Y

G. W.：1 200.00kg　N. W.：1 000.00kg　MEASUREMENT：120.00m³

具体如表13-5、表13-6所示。

表13-5　海运出口托运单

托运人　(1)

SHIPPER

编号　　　　　　　　　　　　　　　　　　船名

NO. (2)　　　　　　　　　　　　　　　　S/S　(2)

FOR　(3)

唛头标记与号码 MARKS & NOS. (4)	数量 QUANTITY (5)	货名 DESCRIPTION OF GOODS (6)	重量（千克） WEIGHT (KILOS) (7)	
			净 NET	毛 GROSS
			运费付款方式	
共计件数（大写）TOTAL NUMBER OF PACKAGES (IN WORDS)：				
运费计算		尺码 MEASUREMENT (8)		

续前表

备注（13）					
NOTIFY（12）通知		TRANSHIPMENT（9）可否转船		PARTIAL SHIPMENT（9）可否分批	
CONSIGNEE（11）收货人		DATE OF SHIPMENT（10）装运期		DATE OF EXPIRY（10）有效期	
		金额		提单张数	
配货要求		银行编号		信用证号	

表 13－6　集装箱货物托运单

SHIPPER（托运人）	D/R NO.（编号）
CONSIGNEE（收货人）	集装箱货物托运单
NOTIFY PARTY（被通知人）	
PRE-CARRIAGE BY（前程运输）PLACE OF RECEIPT（收货地点）	
OCEAN VESSEL（船名）VOY. NO.（航次）PORT OF LOADING（装货港）	货主留底

PORT OF DISCHARGE（卸货港）　PLACE OF DELIVERY（交货地点）　FINAL DESTINATION（目的港）					

CONTAINER NO.（集装箱号）	SEAL NO.（封志号）MARKS & NOS.（唛头标记与号码）	NO. OF CONTAINERS OR P'KGS（箱数或件数）	KIND OF PACKAGES; DESCRIPTION OF GOODS（包装种类与货名）	GROSS WEIGHT（毛重/千克）	MEASUREMENT（尺码/立方米）

TOTAL NUMBER OF CONTAINERS OF PACKAGES（IN WORDS）集装箱数或件数合计（大写）			

FREIGHT & CHARGES（运费与附加费）	REVENUE TONS（运费吨）	RATE（运费率）	PER（每）	PREPAID（运费预付）	COLLECT（到付）
EX RATE（兑换率）	PREPAID AT（预付地点）	PAYABLE AT（到付地点）		PLACE OF LSSUE（签发地点）	
	TOTAL PREPAID（预付总额）	NO. OF ORIGINAL B（S）/L（正本提单份数）			
SERVICE TYPE ON RECEIVING	SERVICE TYPE ON DELIVERY	REEREF-TEMPERATURE REQUIRED（冷藏温度）		°F	℃

TYPE OF GOODS（种类）	ORDINARY,（普通）　REEFER,（冷藏）　DANGEROUS,（危险品）　AUTO.（裸装车辆）	危险品	CLASS：PROPERTY：IMDG CODE PAGE：UN No.：
	LIQUID,（液体）　LIVE ANIMAL,（活动物）　BULK（散货）		

可否转船	可否分批		
装期	有效期		
金额			
制单日期			

任务评价

评价内容	评价标准	权重	分项得分
任务完成情况	单证的准确率与规范性	80%	
职业素养	完成任务的态度，与所学知识的结合效果	20%	
总分		评价者签名：	

项目十四 国际进口业务

📨 项目描述

进口业务流程。

◎ 学习目标

通过本项目的学习，了解国际物流进口业务的流程。

💬 学习任务

学习进口业务流程。

任务　进口合同的履行

➡ 创设情境

随着进出口业务规模的不断扩大，进口贸易作为国际贸易和国际物流的重要组成部分，对整个物流业和贸易行业起着至关重要的作用。通过本任务的学习，理解并掌握国际进口业务流程。

➡ 知识准备

履行进口合同的主要环节：开立信用证、租船订舱和接运货物、办理货运保险、审单付款、报关提货、验收和拨交货物等。在整个进口货物合同的履行过程中，买方最关注的就是能否按时收到符合合同要求的货物。

一、开立信用证

信用证是依据商业合同开立的，用来保证合同按约履行的银行信用保证。信用证主要条款依据合同开立，但同时它又有相对的独立性。只要单证相符、单单相符，开证行必须付款。与合同履行过程中是否存在纠纷没有直接关系。合同的主要条款有品名条款、品质条款、数量条款、包装条款、价格条款、装运条款、保险条款、支付条款、检验条款、索赔条款、不可抗力条款、仲裁条款等。信用证的开立依据合同的条款，但信用证一经开出，就成为独立于合同之外的另外一种契约，不受买卖合同的限制。

买方开立信用证是履行合同的前提条件，因此，签订进口合同后，应按照合同规定办理开证手续，如合同规定在收到卖方货物备妥通知或在卖方确定装运期后开证，则买方应在接到上述通知后及时开证；如合同规定在卖方领到出口许可证或支付履约保证金后开证，则买方应在收到对方已领到许可证的通知，或银行通知履约保证金已付讫后开证。买方向银行办理开证手续时，必须按照合同内容填写开证申请书，银行则按照开证申请书的内容开立信用证，因此，信用证的内容是以合同为依据开立的，它与合同内容应当一致。

卖方收到信用证后，如要求延长装运期和信用证有效期或变更装运港等，则须征求买方的许可，若买方同意对方的请求，即可向银行办理改证手续。

进口合同签订后，按照合同规定填写开立信用证申请书向银行办理开证手续。信用证的内容，应以合同为依据，并与合同上的条款一致，例如品质、规格、数量、价格、交货期、装货期、装运条件及装运单据等，并在信用证中一一做出规定。

二、租船订舱和接运货物

（一）租船订舱

履行 FOB 交货条件下的进口合同，应由买方负责派船到对方口岸接运货物。卖方在交货前一定时期内，应将预计装运日期通知买方。买方接到上述通知后，如本公司没有船位，应及时向船方办理租船订舱手续。在办妥租船订舱手续后，应按照规定的期限将船名及船期及时通知对方，以便对方备货装船。

（二）接运货物

买方备妥船后，应做好催装工作，随时掌握卖方备货情况和船舶动态，催促卖方做好装船准备工作。对于数量大或重要的进口货物，必要时可请买方驻外机构就地协助了解和督促对方履约，或派相关人员前往出口地点检验监督，以便接运工作顺利进行。

三、办理货运保险

按 FOB 条件成交的进口货物，由买方进口企业自行办理保险。当接到卖方的装运通知后，应及时将船名、提单号、开航日期、装运港、目的港以及货物的名称和数量等内容通知保险公司，办妥投保手续。保险公司按照保险合同的规定对货物负自动承保的责任。为简化投保手续和避免漏保，一般采用预约保险的做法，即被保险人和保险人就保险标的物的范围、险别、责任、费率以及赔款处理等条款签订长期性的保险合同。投保人在获悉每批货物起运时，应将船名、开船日期及航线、货物品名及数量、保险金额等内容，以书面形式定期通知保险公司。保险公司对属于预约保险合同范围内的商品，一经起运，即自动承担保险责任。未与保险公司签订预约保险合同的进口企业，则采用逐笔投保的方式，在接到国外出口方的装船通知单或发货通知后，应立即填写装货通知单或投保单，注明有关保险标的物的内容、装运情况、保险金额和险别等并交保险公司，保险公司接受投保后签发保险单。

四、审单付款

货物装船后，卖方即凭提单等有关单据向当地银行议付货款，当议付行寄来单据后，经银行审核无误即通知买方付款赎单。如经银行配合审单发现单证不符或单单不符，应分别按实际情况进行处理。处理的方法有很多种，例如，拒付货款；相符部分付款，不符部分拒付；货到检验合格后再付款；凭卖方或议付行出具担保书付款，在付款的同时提出保留索赔权。

（一）审单的原则

根据"单证一致"和"单单一致"的原则，对照信用证的条款，核对单据的种类、份数和内容。如相符，即由开证银行向国外银行付款，并通知进口商按当日外汇牌价付款赎单。

（二）"单证不符"和"单单不符"的处理方法

（1）由开证银行向国外银行提出异议，根据不同情况采取必要的处理办法；
（2）由国外银行通知卖方更正单据；
（3）由国外银行书面担保后付款；
（4）拒付。

（三）审单的期限

银行审单的期限是收到单据的次日起7个工作日内审核完毕。

（四）审单的要点

最基本的是整套单据的一致性。银行收到国外企业寄来的汇票及单据后，对照信用证的规定，核对单据的份数和内容。如内容无误，银行对国外付款。

（五）审单的要求

主要是审核汇票、发票、保险单、提单等与信用证的不符处。

五、报关提货、验收和拨交货物

买方付款赎单后，货物运抵目的港，即应及时向海关办理申报手续。在货物进口通关业务中，不同的进口贸易方式（加工贸易货物进口、一般贸易货物进口、货物暂时进口）通关业务规范及要求的单证有很大不同。为此，通关操作人员在办理进口报关前，必须详细阅读相关贸易单证，做好进口报关的准备工作。

在进口报关工作阶段，需报关操作员确认货物商品编码和该进口商品是否为法检商品及其进口检验检疫类别，同时应查阅海关税则，确认进口税率及货物需要的监管条件。

办理进口货物报关，需提供的其他单证还包括国外发票、装箱清单、提（运）单、代理报关委托协议、进口许可证以及经我国出入境检验检疫局签发的入境货物通关单。有关单据、证件和货物经海关查验并在提单上签章放行后，即可凭单提货。

凡属进口的货物，都应认真验收，如发现品质、数量或包装有问题应及时取得有效的检验证明，以便向有关责任方提出索赔或采取其他补救措施。对于需要法定检验的进口货物，必须向卸货地或到达地的商检机构报验，未经检验的货物，不准销售和使用。为了在规定时效内对外提出索赔，凡属下列情况的货物，均应在卸货港口就地报验：

（1）合同订明须在卸货港检验的货物；

（2）货到检验合格后付款的货物；

（3）合同规定的索赔期限很短的货物；

（4）卸货时已发现残损、缺少或有异状的货物。

如无上述情况，而用货单位不在港口的，可将货物转运至用货单位所在地，由其自选验收，验收中如发现问题，应及时请当地商检机构出具检验证明，以便在索赔有效期内提出索赔。货物进口后，应及时向用货单位办理交货手续。如用货单位在卸货港所在地，则就近拨交货物；如用货单位不在卸货地区，则委托货运代理将货物转运，并拨交给用货单位。在货物拨交后，外贸公司再与用货单位进行结算。

在履行凭信用证付款的 FOB 进口合同时，上述各项基本环节是不可缺少的，但是在履行凭其他付款方式或其他贸易术语成交的进口合同时，则其工作环节有别。例如：在采用汇付或托收的情况下，就不存在买方开证的工作环节。在履行 CFR 进口合同时，买方则不负责租船订舱，此项工作由卖方办理。在履行 CIF 进口合同时，买方不仅不承担货物从装运港到目的港的运输任务，而且不负责办理货运投保手续，此项工作由卖方按约定条件代为办理。这就表明，履行进口合同的环节和工作内容，主要取决于合同的类别及所采取的支付条件。

⇒ 任务实施

任务：根据下列内容描述进口合同履行（按 FOB 成交）的基本流程。

（1）进口合同签订后，按照合同规定填写开立信用证申请书，向银行办理开证手续。

（2）履行 FOB 交货条件的进口合同，应由买方负责派船到对方口岸接运货物，卖方在交货前一定时期内，应将预计装运日期通知买方，由买方向船方办理租船订仓手续。

（3）在办妥租船订仓手续后，应按规定的期限将船名及船期通知卖方，以便其备货装船。

（4）货物装船后，卖方应及时向买方发出装船通知，以便买方及时办理保险和接货等工作。

（5）FOB交货条件下的进口合同，保险由买方办理。每批进口货物，在收到国外装船通知后，应将船名、提单号、开船日期、商品名称、数量、装运港、目的港等内容通知保险公司。

（6）买方开户银行收到卖方开户银行寄来的汇票及单据后，对照信用证的规定，核对单据的份数和内容，如核查无误，则由买方开户银行对卖方开户银行付款。

（7）进出口公司用人民币按照国家规定的有关折算牌价向银行买汇赎单。

（8）进口货物到货后，由进出口公司或委托外贸运输公司根据进口单据填具"进口货物报关单"向海关申报，并随附发票、提单及保险单——如属法定检验的进口商品，还需随附商品的检验证书；经检验合格方可放行。

（9）进口货物运抵港口卸货时，由港务局进行卸货核对，如发现短缺，应及时填制"短缺报告"交由船方签署确认，并根据短缺情况向船方提出保留索赔权的书面声明（同时，保险公司和商检局也将作出相应处理）。

（10）如订货或用货单位在卸货港所在地，则就近转交货物；如订货或用货单位不在卸货地区，则委托货运代理将货物转运至用货单位。

（11）如进口商品的品质、数量、包装等不符合合同规定，则根据造成损失原因的不同，及时分别向卖方、轮船公司、保险公司索赔。

🔁 任务评价

评价内容	评价标准	权重	分项得分
任务完成情况	业务流程的规范性	80%	
职业素养	完成任务的态度，与所学知识的结合效果	20%	
总分		评价者签名：	

第四部分

综合训练

📨 项目描述

通过前面内容的学习，要求学生掌握物流单证的制作方法。

◎ 学习目标

通过本部分的学习，学会鉴别不同类型的单据。

💬 学习任务

能够根据不同的业务案例完成仓储、运输、国际物流单证的缮制。

⇄ 创设情境

请以广州永久物流中心仓管员的身份准备拣货单、出库单、盘点单，请以货运员的身份填制公路货物运单，请以物流中心报关员的身份填制出口货物报关单。

⇄ 【背景案例】

一、案例简况

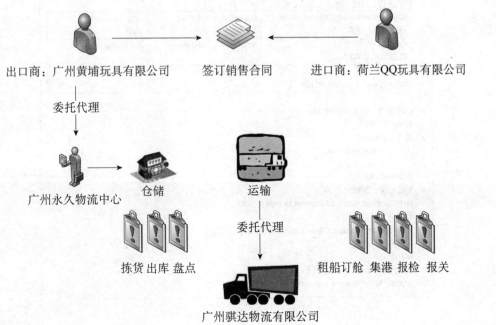

（1）广州黄埔玩具有限公司与荷兰 QQ 玩具有限公司双方签订销售合同；

（2）广州永久物流中心负责广州黄埔玩具有限公司的仓储、运输等业务；

（3）广州永久物流中心仓储部负责货物的拣货、出库、盘点作业；

（4）广州永久物流中心货代部负责货物的租船订舱、集港、报检、报关作业；

（5）广州永久物流中心委托广州骐达物流有限公司负责货物的国内运输作业；

（6）广州永久物流中心在深圳妈湾港货运码头设立了货运站。

二、案例背景

2018 年 7 月 15 日，广州黄埔玩具有限公司（以下简称"黄埔玩具"）与荷兰 QQ 玩具有限公司（以下简称"QQ 玩具"）双方签订销售合同。双方约定装船日期为 2018 年 8 月 1 日，2018 年 8 月 25 日将 4 000 件玩具运至鹿特丹。双方签订的合同如下：

CONTRACT
合 同

合同号（CONTRACT NO）：INVAC02   日期（DATE）：2018-07-15

买方：荷兰 QQ 玩具有限公司（HOLLAND QQ TOY CO., LTD.）

地址（Address）：K P VAN DE MANDELELAAN 100, ROTTERDAM, 3062 MB NETHERLANDS

TEL: 0031 82 52 230 5470   FAX: 0031 82 52 230 5470

卖方：广州黄埔玩具有限公司（GUANGZHOU HUANGPU TOY CO., LTD。）

地址（Address）：广州市天河区沐陂西街 4 号

NO.4 MU PO XI JIE, TIAN HE DISTRICT, GUANGZHOU POST CODE: 501663

Tel：（020）64351003   Fax：（020）64351003

兹经买卖双方同意，由买方购进，卖方出售下列货物，按下列条款签订本合同：

This CONTRACT is made by and between the Buyer, the Sellers and the Manufacturer; whereby it is agreed that the

Buyer purchase and the Sellers supply the under mentioned goods according to the terms and conditions stipulated below:

1. 货物名称、规格、数量、单价、总价

Name of Commodity ,Specifications 商品名称、规格	Quantity 数量	Unit Price 单价	Total Amount 总价
电动玩具火车 ELECTRIC TOY	4 000 件	USD 10	USD40 000
总值 Total Value	USD40 000		

2. 价格术语：CIF ROTTERDAM
   PRICE TERMS：

3. 唛头：INVAC02
   MADE IN CHINA
   C/NO.: 1-200
   SHIPPING MARKS：

4. 装运口岸：深圳妈湾港
   PORT OF SHIPMENT：SHENZHEN MAWAN PORT

5. 目的港：荷兰鹿特丹
   PORT OF DESTINATION：ROTTERDAM HOLLAND

6. 付款方式：电汇
   PAYMENT：T/T

7. 装船日期：2018 年 8 月 1 日
   DATE OF SHIPPMENT: 1 Aug, 2018

三、业务受理

广州永久物流中心（以下简称"永久物流"）是集国际空海运和国内陆运、仓储、贸易物流为一体的国内综合性第三方物流中心，为黄埔玩具提供全方位的第三方物流服务。

2018年7月15日，永久物流客户经理张军收到黄埔玩具（海关注册编号为4401920053）的货运代理委托书，委托其运输一批电动玩具火车到荷兰QQ玩具。装船日期为2018年8月1日。张军根据委托书确认此票货物为国际运输业务后，分别与公司的货代部、仓储部和深圳货运站进行联系，准备办理本批货物的出口运输业务。

四、租船订舱

2018年7月17日，永久物流货代部的王伟根据黄埔玩具出具的订舱委托书进行租船订舱。并于2018年7月18日收到船代公司的订舱确认凭证，航期为2018年8月1日；船名、航次为DANU BHUM V. S009；提单号为HACB8122145。

王伟根据订舱确认凭证/单签发"送货通知"给仓储部，要求其在2018年7月25日将货物运至深圳妈湾港货运码头永久物流货运站准备装箱。

五、仓储业务

2018年7月19日，永久物流客户经理张军根据"送货通知"将发货通知交接给仓储部专门负责黄埔玩具库存货品的仓管员陈晓，准备这批货物的出库操作。发货通知详细内容如下：

发货通知单号：ASN201106130001
收货客户：广州永久物流中心货运站（深圳）
收货地址：深圳市南山区妈湾大道妈湾港货运码头
收货人：王春
收货人电话：（0755）26823001
发货仓库：广州永久物流中心
发货地址：广州市白云区石井镇8号
货物名称：电动玩具火车
货物规格：20个/箱
货物编号：XQB45－402G
发货数量：200
包装单位：箱

陈晓首先根据发货通知查询库存情况，黄埔玩具所有货品都存放在仓库编号为KF007的东区7号库，该货主所有货品的库存情况如下：

库区	货位	货品编号	货品名称	规格	单位	库存数量	批次	入库日期
玩具6区	A11005	YRB23 - 876G	汽车人组合变形金刚	20个/箱	箱	45	201802	2018 - 02 - 01
玩具6区	A11006	YRB23 - 876G	汽车人组合变形金刚	20个/箱	箱	45	201802	2018 - 03 - 11
玩具6区	A11007	YRB30 - 322S	遥控直升机	20个/箱	箱	40	201804	2018 - 04 - 01
玩具6区	A11008	YRB30 - 322S	遥控直升机	20个/箱	箱	40	201803	2018 - 03 - 01
玩具7区	A01001	XQB45 - 402G	电动玩具火车	20个/箱	箱	50	201801	2018 - 01 - 11
玩具7区	A01002	XQB45 - 402G	电动玩具火车	20个/箱	箱	50	201802	2018 - 02 - 11
玩具7区	A02001	XQB45 - 402G	电动玩具火车	20个/箱	箱	50	201804	2018 - 04 - 01
玩具7区	A02004	XQB45 - 402G	电动玩具火车	20个/箱	箱	50	201802	2018 - 02 - 27
玩具8区	A03005	XQB45 - 402G	电动玩具火车	20个/箱	箱	50	201802	2018 - 02 - 01
玩具8区	A02002	XQB45 - 402G	电动玩具火车	20个/箱	箱	50	201803	2018 - 03 - 11
玩具8区	A08003	XPB30 - 121S	圣斗士高级仿真组合模型	15个/箱	箱	45	201804	2018 - 04 - 01
玩具8区	A09001	XPB30 - 121S	圣斗士高级仿真组合模型	15个/箱	箱	45	201803	2018 - 03 - 01

仓管员陈晓根据以上库存信息和按入库日期先入先出的出库规则，于2018年7月19日编制了出库单号为OB2011030214的出库单和作业单号为PK2011060023的拣货单，其中拣货单交给拣货组拣货员王刚进行拣货作业。当天下午，拣货员王刚按拣货单完成所有拣货作业并根据拣货情况对拣货单进行反馈，所需货品没有出现库存不足等异常情况。

仓管员陈晓于当天下午把出库单和出库的货品一起交给配送部准备出货。

根据公司日清日结的规定，2018年7月19日下班前，仓管员陈晓根据库存对黄埔玩具所有货品按库区分别编制了玩具6区（盘点单号：ST0001002）、玩具7区（盘点单号：ST0001003）和玩具8区（盘点单号：ST0001004）3张盘点单，盘点均采用明盘，其中玩具6区的库存情况如下：

库区	货位	货品编号	货品名称	规格	单位	质量状态	库存数量	批次	入库日期
玩具6区	A11005	YRB23 - 876G	汽车人组合变形金刚	20个/箱	箱	正常	45	201802	2018 - 02 - 01
玩具6区	A11006	YRB23 - 876G	汽车人组合变形金刚	20个/箱	箱	正常	45	201802	2018 - 03 - 11
玩具6区	A11007	YRB30 - 322S	遥控直升机	20个/箱	箱	正常	40	201804	2018 - 04 - 01
玩具6区	A11008	YRB30 - 322S	遥控直升机	20个/箱	箱	正常	40	201803	2018 - 03 - 01

玩具6区的盘点单交给理货组理货员赵明进行盘点，理货员赵明经过盘点发现全部库存准确，理货员赵明将实际盘点结果在盘点单上进行反馈。

六、运输业务

2018年7月20日，仓储部将出运的货物准备完成后，单证部向检验检疫局申请报检，并顺利获取出境货物换证凭单。确定该批货物为国际运输业务：首先将货物从仓库运送到永久物流设于深圳妈湾港货运码头的专门负责国际进出口业务的货运站——广州永久物流中心货运站（深圳），在堆场进行装箱，然后进行通关操作。永久物流配送部与广州骐达物流有限公司协调沟通，委托其运输本批货物至货运站（深圳）。

2018 年 7 月 22 日，永久物流配送部计划员于科核对客户的出库通知及出库单信息后准备运输。于科通知广州骐达物流有限公司：2018 年 7 月 22 日提货，并将托运订单提交给广州骐达物流有限公司客服张岚。托运订单相关信息如下：

运单号	4710000000010
托运人	广州永久物流中心（联系人：于科；电话：020—8835212；地址：广州市白云区石井镇 8 号；邮编：510407）
托运货物	200 箱包装方式为纸箱的电动玩具火车（总体积：26.945m³；总重：3 000kg，净重：2 944kg）
收货人	广州永久物流中心货运站（深圳）（联系人：王春；电话：0755—26823001；地址：深圳市南山区妈湾大道妈湾港货运码头；邮编：518066）
托运要求	（1）要求取货和送货； （2）7 月 25 日 9 点前到货
结算	结算方式：现结
投保	不投保

广州骐达物流有限公司张岚将托运订单信息传递给调度崔丽，崔丽根据托运订单信息进行调度安排，安排货运员张玉携取货通知单和空白的公路货物运单执行取货作业。7 月 22 日 11 时，张玉至取货地点进行取货，于 12 时现场受理并填制运单号为 4710000000010 的公路货物运单，并于 13 时起运。

7 月 25 日 8 时，广州骐达物流有限公司将货物运到广州永久物流中心货运站（深圳）。广州到深圳的运输距离为 147 千米。

七、装箱集港

永久物流货代部根据货物的特性，确定所有货物可装箱于 1 个 20 尺的普柜中（集装箱自重 2 280 千克）。7 月 26 日，永久物流持订舱确认凭证到堆场箱管科缴纳押箱费并领取设备交接单到堆场提空箱，在广州永久物流中心货运站（深圳）处进行装箱作业。装箱完成之后，永久物流凭相关单据到港口检查桥完成货物的集港。

7 月 28 日，永久物流货代部持出境货物换证凭单至口岸检验检疫中心顺利换取出境货物通关单，报关员开始办理货物的报关业务。永久物流在接到黄埔玩具提交的全套单据（合同、发票、箱单、核销单、出境货物通关单等材料）后向深圳海关（7900）申请报关，办理出口货物通关业务。电动玩具火车的商品编码（H. S. 编码）为 95031000，法定计量单位为千克。发票、箱单详细内容如下：

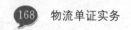

广州黄埔玩具有限公司

GUANGZHOU HUANGPU TOY CO.,LTD

INVOICE

TO: HOLLAND QQ TOY CO., LTD.　　　　　　NO.OF INVOICE: 000996

DATE:　17JULY, 2018

FROM SHENZHEN TO ROTTERDAM

Sailing on or about 1 AUG , 2018

L/C No.:　　　　　　　　　　SALES CONFIRMATION.:　INVAC02

B/L NO.: HACB8122145

Description of Goods	Unit Price	Amount
ELECTRIC TOY 电动玩具火车 PACKAGES: 200 CASES	USD10/PC	CIF ROTTERDAM USD40000 F: USD300 I: USD0.27%

广州黄埔玩具有限公司

GUANGZHOU HUANGPU TOY CO.,LTD

PACKING LIST

TO: HOLLAND QQ TOY CO., LTD.　　　　　　NO.OF INVOICE: 000996

DATE: 18 JULY, 2018

FROM SHENZHEN TO ROTTERDAM

Sailing on or about 1 AUG , 2018

Country of origin: CHINA　　　　Country of destination: HOLLAND

Marks&Nos.	Number and Kind of Packages Description OF Goods	Quantity	Gross Weight	Net Weight
INVAC02 MADE IN CHINA C/NO.: 1-200	ELECTRIC TOY TOTAL: 200 CASES ONLY	4000PCS	3000KG	2944KG

CONTAINER NO. : TEXU8676881 , 1*20' (200 PACKAGES)

2018 年 7 月 30 日，海关通关放行，该批货物于 2018 年 8 月 1 日顺利装船。

八、制单要求

（1）请以永久物流仓管员陈晓的身份为执行拣货任务准备拣货单；

（2）请以永久物流仓管员陈晓的身份为执行出库任务准备出库单；

（3）请以永久物流仓管员陈晓的身份为玩具 6 区的盘点任务准备盘点单；

（4）请以货运员张玉的身份填制运单号为 4710000000010 的公路货物运单；

（5）请以永久物流报关员的身份填制出口货物报关单。

（备注：单据填制过程中，各字段的内容须完全以题干中所提供的信息为准。）

九、填制说明

（一）拣货单

参见项目四。

（二）出库单

参见项目五任务一。

（三）盘点单

参见项目五任务三。

（四）公路货物运单

参见项目六任务一。

（五）出口货物报关单

（1）出口口岸：本栏目填写载运货物的运输工具进出境地的隶属海关名称及四位代码，本栏目请按如下格式填写：隶属海关中文名称（四位代码），即隶属海关中文名称＋四位代码。

（2）备案号：进出口货物收发货人办理报关手续时，应向海关递交的备案审批文件的编号。涉及的内容包括：加工贸易手册编号，加工贸易电子账册编号，实行优惠贸易协定项下原产地证书联网管理的原产地证书编号，适用 ITA 税率的商品用途认定证书的编号等。

（3）出口日期：运载出口货物的运输工具办结出境手续的日期。

（4）申报日期：申报日期为海关计算机系统接受申报数据时记录的日期。

（5）经营单位：本栏目应填报经营单位名称及经营单位编码，本栏目请按如下格式填写：经营单位中文名称（经营单位编码），即经营单位中文名称＋经营单位编码。

（6）运输方式：此栏目的填写要根据实际运输方式按照海关规定的《运输方式代码表》选择填报相应的运输方式的名称或代码。

（7）运输工具名称：江海运输填报船舶编号/航次号，本栏目请按如下格式填写：船舶编号/航次号。

（8）提运单号：该单号必须与运输部门向海关提供的载货清单所列内容一致（包括数码、英文大小写、符号和空格），此栏目主要填运输单据的编号。

（9）发货单位：本栏目必须填报其中文名称及编码；没有编码的，填报其中文名称。本栏目请按如下格式填写：发货单位中文名称（编码），即发货单位中文名称＋编码。

（10）贸易方式（监管方式）：本栏目应根据实际对外贸易情况按照海关规定的《监管方式代码表》选择填报相应的监管方式的简称或代码。

（11）征免性质：本栏目应根据实际情况按照海关规定的《征免性质代码表》选择填报相应的征免性质的简称或代码。

（12）结汇方式：此栏目的填报根据海关规定的《结汇方式代码表》选择填报相应的结汇方式的名称。如采用信用证结汇，此处填写 L/C。

（13）许可证号：本栏目所涉及填报的内容，包括进（出）口许可证、两用物项和技术进（出）口许可证、纺织品临时出口许可证三类证件的编号。

（14）运抵国（地区）：本栏目应按照海关规定的《国别（地区）代码表》选择填报相应的运抵国（地区）的中文名称。

（15）指运港：本栏目应根据实际情况按照海关规定的《港口航线代码表》选择填报相应港口的中文名称，如指运港为深圳。指运港在《港口航线代码表》中无港口中文名称或代码的，可选择填报相应国家的中文名称。

（16）境内货源地：本栏目按照《国内地区代码表》选择填报国内地区名称或代码。

（17）批准文号：本栏目填报实行出口收汇核销管理的出口收汇核销单上的编号。

（18）成交方式：填报相应的成交方式名称或代码。

（19）运费：本栏应根据具体情况选择运输单价、运费总价或运费率三种方式之一填报，同时注明运费标记（运费率标记免填），并按照海关规定的《货币代码表》选择填报相应币种的代码。

（20）保险费：本栏目要根据具体情况选择保险费总价或保险费率两种方式之一来填报，同时注明保险费标记（保险费率标记免填），并按照海关规定的《货币代码表》选择填报相应币种的代码。

（21）杂费：本栏目的填报应根据具体情况选择杂费总价或杂费率两种方式之一来填报，同时注明杂费标记（杂费率标记免填），并按照海关规定的《货币代码表》选择填报相应币种的代码。

无杂费时本栏免填。

（22）合同协议号：此栏目填报进出口货物合同协议的全部字头和号码。

（23）件数：本栏目填报有外包装的进出口货物的实际件数。

（24）包装种类：本栏目的填写应根据进出口货物的实际外包装的种类选择填报相应包装种类的中文名称。

（25）毛重：本栏目填报进出口货物的实际毛重，以千克计，不足一千克的填报为"1"。

（26）净重：按照案例实际情况填写货物的净重。

（27）集装箱号：本栏目的填报方式为：集装箱号＋"/"＋规格＋"/"＋自重，如TBXU3605231/20/2280 表示 1 个标准集装箱；在多于一个集装箱的情况下，其余集装箱以相同的格式填写在标记唛码及备注栏中，非集装箱货物填报"0"。

（28）随附单证：本栏目仅填报除进出口许可证以外的监管证件代码及编号，具体依据案例背景内容填写，如 A：3302010104004684。

（29）生产厂家：本栏目填报境内生产企业。

（30）标记唛码及备注：本栏目填写除货物之外的有关补充和特殊事项的说明，包括关联备案号、关联报关单号，填写以案例背景要求为准。

（31）项号：本栏目分两行填报，第一行填报货物在报关单中的商品排列序号。

（32）商品编号：本栏目按照《进出口税则》确定的税则编号以及符合海关监管要求的附加编码填写。

（33）商品名称、规格型号：商品名称填写进出口货物规范的中文名称；商品规格型号填写反映商品性能、品质和规格的一系列指标，如品牌、等级、成分等。

（34）数量及单位：此栏目填报的是进出口商品的成交数量及计量单位，以及海关法定计量范围和按照海关计量单位换算的数量，本栏目中的计量单位填写中文名称，如 250千克。

（35）最终目的国（地区）：本栏目填写已知的出口货物最后交付的国家（地区），也是最终实际消费、使用或做进一步加工制造的国家（地区）。

（36）单价：本栏目填写商品的一个计量单位以某一种货币表示的价格。

（37）总价：本栏目填写货物实际成交的商品总价。

（38）币制：本栏目填写货物实际成交价格的计价货币的名称或代码的缩写。

（39）征免：本栏目应按照海关核发的《征免税证明》或有关政策规定，对报关单所列每项商品选择填报海关规定的《征减免税方式代码表》中相应的征减免税方式。

拣货单

作业单号：

货主名称					仓库编号			
出库单号					制单日期			
货品信息								
序号	库区	储位	货品编号	货品名称	规格	单位	应拣数量	实拣数量	备注
制单人				拣货人（签字）				

出库单

作业计划单号：

库房			□正常商品		□退换货		
客户名称			发货通知单号			出库时间	
收货单位名称							
货品信息							

续前表

产品名称	产品编号	规格	单位	应发数量	实发数量	货位号	批号	备注
保管员			提货人			制单人		

盘点单

编号：

下达日期				执行日期			
目标仓库			负责人		回单人		
调用资源							
货源名称		负责人		备注			
货品信息							
区	储位	货品	型号	账面数量	实际数量	缺失数量	损坏数量	备注
库负责人：				复核人：				

公路货物运单

运单号码：

托运人姓名		电话		收货人姓名		电话	
单位				单位			
托运人详细地址				收货人详细地址			
托运人账号		邮编		收货人账号		邮编	
取货地联系人姓名		单位		送货地联系人姓名		单位	
电话		邮编		电话		邮编	
取货地详细地址				送货地详细地址			
始发站		目的站		起运日期		要求到货日期	
运距	km	全行程	km	是否取送		是否要求回执	
路由				□取货	□送货	□否□运单□客户单据	

续前表

货物名称	包装方式	件数	计费重量（kg）	体积（m³）	取货人签字		
					签字时间		
					托运人或代理人签字或盖章		
					实际发货件数		件
					签字时间		
					收货人或代理人签字或盖章		
合计					实际发货件数		件
收费项	运费	取/送货费	杂费	费用小计	签字时间		
费用金额					送货人签字		
客户投保声明	□不投保		□投保		签字时间		
	投保金额　　元		保险费　　元		备注：		

运费合计（大写）	万	仟	佰	拾	元	角	

结算方式 □现结 □月结 □预付款　　元 □到付	

制单人		受理日期		受理单位	

中华人民共和国海关出口货物报关单

预录入编号			海关编号		
出口口岸		备案号	出口日期	申报日期	
经营单位		运输方式	运输工具名称	提运单号	
发货单位		贸易方式	征免性质		结汇方式
许可证号	运抵国（地区）	指运港		境内货源地	
批准文号	成交方式	运费	保险费	杂费	
合同协议号	件数	包装种类	毛重（千克）		净重（千克）
集装箱号	随附单证			生产厂家	
标注唛码及备注					
备注： 随附单证号：					

项号	商品编号	商品名称、规格型号	数量及单位	最终目的国（地区）	单价	总价	币制	征免

续前表

项号	商品编号	商品名称、规格型号	数量及单位	最终目的国（地区）	单价	总价	币制	征免

税费征收情况				
录入员	录入单位	兹声明以上申报无误并承担法律责任		海关审单批注及放行日期（签章）
报关员		申报单位（签章）		审单　　审价
单位地址				征税　　统计
邮编	电话	填制日期		查验　　放行

附录 物流单证

入库单

入库单号：

仓库编号			制单时间		入库通知单号	
供应商名称			供应商编号			
物料名称	物料编号	规格	单位	计划数量	实际数量	批次	备注
仓管员（签字）				制单人		

储位分配单

作业单号：

入库单号			仓库编号	
仓管员			日期	
作业明细									
序号	库区	储位	物料名称	物料编号	规格	单位	应放数量	实放数量	备注
制单人				作业人（签字）					

拣货单

作业单号：

货主名称			仓库编号	
出库单号			制单日期	
货品信息									
序号	库区	储位	货品编号	货品名称	规格	单位	应拣数量	实拣数量	备注
制单人				拣货人（签字）					

出库单

作业计划单号：

库房			□正常商品		□退换货			
客户名称			发货通知单号			出库时间		
收货单位名称								
货品信息								
产品名称	产品编号	规格	单位	应发数量	实发数量	货位号	批号	备注
保管员			提货人			制单人		

盘点单

编号：

下达日期			执行日期		
目标仓库		负责人		回单人	
调用资源					
货源名称		负责人	备注		
货品信息					
库区	储位	货品	型号	账面数量	实际数量	缺失数量	损坏数量	备注
库负责人：				复核人：	

退货申请单

退货单号：

供应商名称					申请日期		
物料名称	物料编号	规格	单位	退货数量	质检单号	退货原因	备注
制单人		仓管员					

公路货物运单

运单号码：

托运人姓名		电话		收货人姓名		电话	
单位				单位			
托运人详细 地址				收货人详细 地址			
托运人账号		邮编		收货人账号		邮编	
取货地联系人 姓名		单位		送货地联系人 姓名		单位	
电话		邮编		电话		邮编	
取货地详细 地址				送货地详细 地址			

始发站		目的站		起运日期		要求到货日期	
运距	km	全行程	km	是否取送		是否要求回执	
路由				□取货	□送货	□否□运单□客户单据	

货物 名称	包装 方式	件数	计费重量 （kg）	体积 （m³）	取货人签字	
					签字时间	
					托运人或代理人签字或盖章	
					实际发货件数	件
					签字时间	
					收货人或代理人签字或盖章	
合计					实际发货件数	件

收费项	运费	取/ 送货费	杂费	费用 小计	签字时间	
费用 金额					送货人签字	

客户投 保声明	□不投保		□投保		签字时间	
	投保金额	元	保险费	元	备注：	

运费合计 （大写）	万	仟	佰	拾	元	角	

结算方式 □现结 □月结 □预付款　　元 □到付	

制单人		受理日期		受理单位	

运输计划

发运时间： 年 月 日　　　　　　　　　　　　　　　　　　　　　　　　　　　编号：

车牌号		核载 （t）		车容 （m³）		—		始发站	经停站	目的站
计费里程 （km）		司机		联系方式		到达时间				
全行程 （km）		备用金 （元）		预计 装载量		发车时间				
经停站										
发货人	发货地址	货物名称	包装	数量 （件）	重量 （kg）	体积 （m³）	收货人	收货地址	收货时间	备注
目的站										
发货人	发货地址	货物名称	包装	数量 （件）	重量 （kg）	体积 （m³）	收货人	收货地址	收货时间	备注

取货通知单

单号				操作站				
资源	车辆		辆	车型				
	货运员		人	预计操作时间				小时
总数量		件	总重量		kg	总体积		m³
客户信息								
运单号	顺序号	地址	电话		姓名	派单类型	是否返单	是否收款
货品信息								
运单号	货品名称		数量（件）	重量（kg）	体积（m³）		备注	

填表人：　　　　　　　　　　　　　　　　　填表时间：

货物清单

起运地点：				运单号：				
装货人姓名：				装货日期：				
序号	货物名称	包装形式	单位	数量（件）	重量（kg）	体积 长×宽×高（cm³）	保价 价格（元）	
备注								
托运人（签字或盖章）				承运人（签字或盖章）				
日期： 年 月 日				日期： 年 月 日				

注：凡不属同一货名、同一规格、同一包装的货物，在一张货物运输单上不能逐一填写的，可填货物清单。

货物运输交接单

编号：

始发站		车牌号		核载（t）			发车时间			
目的站		车辆性质		车容（m³）			预达时间			
序号	运单号	客户名称	包装	货物名称		数量（件）	体积（m³）	重量（kg）	备注	
		合计								
发站记事	施封 枚；封号：			随车设备			发站调度	发货人	司机	到站调度
到站记事	施封 枚；封号： 封锁：			到达时间						
	收货及货损									
制单人：					制单时间：					

国内货物运输险投保单

我处下列货物拟向你处投保国内货物运输保险：   编号：

被保险人					
标记或发票号码	保险货物名称	件数	提单或通知单号次		保险金额
运输工具 （及转载工具）	约于	年	月	日 起运	赔款偿 付地点
运输线路： 自	进		到		转载地点
保险险别：	基本险	附加险别	基本险费率（％）		附加险费率（％）
投保单位（签章）					
	年		月		日

集货单

单据号		始发站		集货截止时间	
班车编号		到达站		预计装车时间	
车牌号		总数量		发车时间	
总重量（kg）		总体积（m³）		到站时间	

序号	运单号	发货人	发货地址	货物名称	包装方式	收货人	数量（件）	总重量（kg）	总体积（m³）	备注
甩货说明									

填表人：   填表时间：   年 月 日

铁路运单

货物指定于　　年　月　日　　　××铁路局

货位

计划号码或运输号码：

运到期限　日　　　　　托运人→发运人→到站→收货人　　　货票第　号

承运人/托运人	装车
承运人/托运人	施封

托运人填写					承运人填写									
发站		到站（局）			车种车号			货车标重						
到站所属省(市)、自治区					施封号码									
托运人	名称				经 由			铁路货车篷布号码						
	住址		电话											
收货人	名称				运价里程			集装箱号码						
	住址		电话											
货物名称	件数	包装	货物价格	托运人确定重量(kg)	承运人确定重量(kg)		计费重量	计价类型	运价号	运价率	现付			
											类别	金额		
合 计														
托运人记载事项		保险：			承运人记载事项									
注：本单不作为收款凭证，托运人签约需见背面。		托运人盖章或签字		到站交付			发站承运							

铁路运输货票

×××××铁路货票

计划号码或运输号码　　　　　　　货 票　　　　　甲 联

货物运到期限　日　　　　　　　发站存查

发 站		到站（局）		车种车号		货车标重		承运人/托运人装车
托运人	名称			施封号码				承运人/托运人施封
	住址		电话	铁路货车篷布号码				

续前表

发站			到站（局）		车种车号		货车标重		承运人/托运人装车
收货人	名称				集装箱号码				
	住址		电话		经由		运价里程		

货物名称	件数	包装	货物重量（kg）		计费重量	运价号	运价率	现付	
			托运人确定	承运人确定				费别	金额
								运费	
								装费	
								取送车费	
								过秤费	
合计									
记事							合计		

发站承运日期戳

规格：270mm×185mm

经办人盖章：

国内水路货物运单

交接清单号码：

运单号码：　　　　　　　　　　　　　　　　　　　　　　　　年　月　日

船名、航次	起运港			到达港			到达日期 承运人章	收货人 （章）		
托运人	全　称			收货人	全　称					
	地址、电话				地址、电话					
	银行、账号				银行、账号					

发货符号	货号	件数	包装	价值	托运人确定		计费重量		等级	费率	金额	应收费用		
					重量 （t）	尺寸 （长、宽、高） （m）	重量 （t）	体积 （m³）				项目	费率	金额
												运费		
												装船费		
合计														

运到期限（或约定）		托运人（公章）　　月　日	总计
			核算员
特约事项		承运人盖章	复核员

订舱委托书

　　　　　　　　　　　　　　　　　　　　　　　　　　　　年　月　日

托运人		合同号	
		发票号	
		信用证号	
		运输方式	
收货人		装运口岸	
		目的港	
		装运期	
通知人		可否转让	
		可否分批	
		运费支付方式	
		正本提单	

唛头	货名	包装件数	总毛重	总体积

注意事项			
受托人		委托人	
电话：　　　传真：		电话：　　　传真：	
联系人：		联系人：	

国内水路运输登记事项申请表

申请人名称（盖章）：

申请人详细地址：

邮 政 编 码：

申请人联系电话：

申 请 日 期：

登记事项种类 （请选择并在 "○"处画"√"）	○ 1. 开辟集装箱班轮内支线； ○ 2. 调整集装箱班轮内支线； ○ 3. 开辟客运航线； ○ 4. 调整客运航线； ○ 5. 在国内建造运输船舶； ○ 6. 在国外建造、购买、光租运输船舶； ○ 7. 国际航行船舶转入国内运输。			
申请人名称				
申请人水路运输 许可证号				
申请人 水路运输经营范围				
申请人资质 评估情况	高层管理人员持证情况			
○ 合格	海务主管持证情况			
○ 不合格	机务主管持证情况			
（请选择在 空白处填写）	与登记事项有关的自有或 光租船舶运力规模合计	艘		载重吨
		车位		客位
		立方米		TEU
申请事项 （写不下时可另附纸）	请详细列明申请事项的内容，如挂港顺序、投入船舶、新增运力类型、规模、取得运力方式、时间期限等。 申请单位盖章 年　　月　　日			
县 级 交通主管部门审核意见	签字：　　　　　　　　　　　　　　　　　　　盖章 年　　月　　日			
地（市） 交通主管部门审核意见	签字：　　　　　　　　　　　　　　　　　　　盖章 年　　月　　日			
省 级 交通主管部门审核意见	签字：　　　　　　　　　　　　　　　　　　　盖章 年　　月　　日			
登记机关审核意见 （选择并在"○"处画"√"）	○ 同意登记　　　　　　　　　　　○ 不同意登记 同意登记后出具的证明文件： ○ 国内水路运输登记事项证明书； ○ 水路运输许可证； ○ 船舶营业运输证； ○ 其他文件。 经办人：　　　　处室负责人：　　　　单位负责人：			
备 注				

航空运单

中国民用航空
货 运 单

出发站			到达站	
收货人名称			电话	
收货人地址				
发货人名称			电话	
发货人地址				
空陆转运	自 至		运输方式	

货物品名	件数及包装	重量		价 值
		计 费	实 际	

航空运费：（每千克¥ ）	¥	储运注意事项	
地面运输费：（每千克¥ ）	¥		收运站：
空陆转运费：（每千克¥ ）	¥		日期：
中转费：（每千克¥ ）	¥		经手人：
其他费用	¥		
合 计	¥		

集装箱货物托运单

Shipper（托运人）	D/R No.（编号） 场站收据
Consignee（收货人）	Received by the Carrier the Total number of containers or other packages or units stated below to be transported subject to the terms and conditions of the carrier's regular form of Bill of Loading（for Combined Transport or port to Port Shipment）which shall be deemed to be incorporated herein. Date（日期）：
Notify Party（被通知人）	
Pre-carriage by（前程运输） Place of Receipt（收货地点）	
Ocean Vessel（船名） Voy. No.（航次） Port of Loading（装货港）	场站章：

Port of Discharge（卸货港）		Place of Delivery（交货地点）		Final Destination（目的地）			
—Particulars Furnished by Merchants—	Container No.（集装箱号）	Seal No.（封志号）Mark & Nos.（标记与号码）	No. of Containers or P'kgs.（箱数或件数）	Kind of Packages; Description of Goods（包装种类与货名）	Gross Weight（毛重/千克）	Measurement（尺码/立方米）	
	Total Number of Containers or Packages（in Words）集装箱数或件数合计（大写）						
Container No.（集装箱号） Seal No.（封志号） P'kgs.（件数） Container No.（集装箱号） Seal No.（封志号）P'kgs.（件数）							

续前表

Freight & Charges	Prepaid at（预付地点）	Payable at（到付地点）	Received（实收） By Terminal Clerk（场站员签字）		
			Place of Issue（签发地点）		
	Total Prepaid（预付总额）	No. of Original B（s）/L （正本提单份数）	Booking（订舱确认） Approved by		

Service Type on Receiving □- CY, □- CFS, □- DOOR	Service Type on Delivery □- CY, □- CFS, □- DOOR	Reefer Temperature Required. （冷藏温度）		℉	℃
Type of Goods （种类）	Ordinary,（普通）　Reefer,（冷藏）　Dangerous,（危险品）　Auto.（裸装车辆）		危险品	Class： Property： IMDG Code Page： UN No.：	
	Liquid,（液体）　Live Animal,（活动物）　Bulk（散货）				

中国外轮代理公司
CHINA OCEAN SHIPPING AGENCY
收货单
MATE'S RECEIPT

（货）

托运人
Shipper _____

编号
No. _____　　　　　　　船名
　　　　　　　　　　　　　　　　　　　S/S _____

目的港
For _____

兹将下列完好状况之货物装船后希签署收货单

Receive on board the undermentioned goods apparent in good order and condition and sign the accompanying receipt for the same

唛头标记及号码 Marks & Nos.	数量（件） Quantity	货名 Description of Goods	重量（千克） Weight（Kilos）	
			净重 Net	毛重 Gross
共计件数（大写） Total Number of Package（in Writing）				

日期　　　　　　　　　　　　　　　　时间
Date _____　　　Time _____

装入何舱
Stowed _____

实收
Received _____

理货员签名　　　　　　　　　　　大副
Tallied by _____　Chief Officer _____

参考文献

[1] 王桂姣. 物流单证实务. 北京：中国财政经济出版社，2015.

[2] 戴正翔. 国际物流单证实务. 北京：清华大学出版社，2011.

[3] 谢雪梅. 仓储与配送. 北京：北京理工大学出版社，2010.

[4] 李婷. 物流单证制作. 北京：中国财富出版社，2015.

[5] 杨承新. 现货业务. 北京：高等教育出版社，2001.

图书在版编目（CIP）数据

物流单证实务/隋珅瑞，孙婷主编 . —北京：中国人民大学出版社，2019.9
教育部中等职业教育专业技能课立项教材
ISBN 978-7-300-26273-4

Ⅰ.①物… Ⅱ.①隋…②孙… Ⅲ.①物流-原始凭证-中等专业学校-教材 Ⅳ.①F252

中国版本图书馆 CIP 数据核字（2018）第 217303 号

教育部中等职业教育专业技能课立项教材
物流单证实务
主编 隋珅瑞 孙 婷
Wuliu Danzheng Shiwu

出版发行	中国人民大学出版社	
社　　址	北京中关村大街 31 号	**邮政编码**　100080
电　　话	010 - 62511242（总编室）	010 - 62511770（质管部）
	010 - 82501766（邮购部）	010 - 62514148（门市部）
	010 - 62515195（发行公司）	010 - 62515275（盗版举报）
网　　址	http：//www. crup. com. cn	
经　　销	新华书店	
印　　刷	北京密兴印刷有限公司	
规　　格	185 mm×260 mm　16 开本	**版　　次**　2019 年 9 月第 1 版
印　　张	12.25	**印　　次**　2019 年 9 月第 1 次印刷
字　　数	280 000	**定　　价**　29.00 元